# INHALTSVERZEICHNIS

# VORWORT

Der Klimawandel ist auch in Brandenburg längst spürbar. Die Durchschnittstemperaturen steigen, Niederschläge verändern sich und Starkwetterereignisse nehmen zu. Oft werden dabei Wetter und Klima verwechselt. War es nicht früher auch mal warm? Brauchen wir wirklich den Schnee? Diese Begleitbroschüre zu der gleichnamigen Ausstellung klärt über grundlegende Fragen auf. Sie beschreibt, was typisch ist für das Klima in Brandenburg und wie sich das Klima in unserer Region wandelt. Zahlreiche Beispiele aus Wissenschaft und Forschung zeigen, was sich in Brandenburg schon verändert hat und welche Veränderungen noch zu erwarten sind. Dabei geht es auch um Klimapolitik und Nachhaltigkeit: Wie können wir mitbestimmen? Und wie können wir unsere Lebensgewohnheiten und Wirtschaftsweisen ändern?

Viele Brandenburgerinnen und Brandenburger haben die Folgen des Klimawandels erkannt und handeln entsprechend. Sie setzen sich für Nachhaltigkeit in Wirtschaft und Gesellschaft ein. Gezeigt werden unter anderem Beispiele aus den Landkreisen Prignitz, Uckermark, Märkisch-Oderland und Spree-Neiße. Es geht um ganz unterschiedliche Themen wie Landwirtschaft und Ernährung, Müllvermeidung und Mobilität, Tourismus und Bauen. Dabei wird deutlich: Im Land bewegt sich etwas und in Brandenburg leben sehr aktive Bürgerinnen und Bürger, die sich für Umweltschutz und Nachhaltigkeit engagieren.

Am Ende der Broschüre finden Sie eine Linksammlung zu weiterführenden Informationen und Bildungsmaterialien.

Wir wünschen Ihnen viel Freude beim Lesen!
Ihre Landeszentrale

# DAS KLIMASYSTEM DER ERDE

**Das Klimasystem der Erde**
Das Klimasystem ist ein vielschichtiges Gebilde, seine einzelnen Teile beeinflussen sich gegenseitig. Sonne und Atmosphäre (Luft) bilden die Ausgangspunkte für das Klima auf der Erde. Biosphäre (Lebensräume) und Hydrosphäre (Wasserwelt) vervollständigen die Klimakräfte. Treibhausgase wie Wasserdampf, Kohlendioxid, Methan und Lachgas erwärmen die Atmosphäre der Erde. Ohne den Treibhauseffekt wäre es auf der Erde mehr als 30 Grad Celsius kälter. Durch den Einfluss des Menschen ist heute fast eineinhalb Mal so viel Kohlendioxid in der Atmosphäre als vor der Industrialisierung.

# WETTER ODER KLIMAWANDEL?

Im August 2023 fegte eine Fallböe über Brandenburg an der Havel. Starker Wind entwurzelte Bäume und deckte Hausdächer ab, Regen flutete Gebäude. Der Bürgermeister der Stadt sprach von einem nie dagewesenen Unwetter und bezifferte den Schaden auf mehrere Millionen Euro. Nur kurz zuvor berichtete der Gesamtverband der Deutschen Versicherungswirtschaft, in den zurückliegenden knapp 20 Jahren habe Starkregen Schäden von mehr als 280 Millionen Euro an Wohngebäuden im Land Brandenburg angerichtet. Verantwortlich für das extreme Wetter sei der Klimawandel, so der Verband. Wissenschaftler betonten dementgegen, auch ohne Klimawandel gibt es extreme Wetterereignisse – allerdings weniger häufig und weniger intensiv.

**Was ist das: Klima und menschengemachter Klimawandel**
Klima ist das Wetter an einem Ort über einen Zeitraum von mindestens 30 Jahren. Anders als das tägliche Wetter wandelt sich das Klima sehr langsam. Es wird durch den natürlichen Treibhauseffekt bestimmt. In der Atmosphäre binden Treibhausgase die Wärmeenergie der Sonne. Dadurch beträgt die durchschnittliche Erdtemperatur ungefähr 15 Grad Celsius.

Seit den 1990er Jahren spricht die Wissenschaft von einem menschengemachten Klimawandel. Dieser begann Mitte des 19. Jahrhunderts, mit der einsetzenden Industrialisierung. Seitdem stieg die Durchschnittstemperatur weltweit um 1,1 Grad Celsius, in Deutschland um 1,6 Grad Celsius. In Brandenburg lag die Durchschnittstemperatur für den Zeitraum 1991 bis 2020 gegenüber der vorindustriellen Zeit im Mittel um 1,3 Grad Celsius höher. Fachleute sprechen inzwischen von einer „Erderhitzung".

Die Ursachen des menschengemachten Klimawandels sind Veränderungen der Landschaft (Abholzung, einseitige Aufforstung, Versiegelung) und vor allem die Emission von Treibhausgasen. Das häufigste Treibhausgas ist Kohlendioxid. Es entsteht bei der Verbrennung fossiler Rohstoffe wie Kohle, Erdöl und Erdgas. Weltweit wurden im Jahr 2022 mehr als 36 Milliarden Tonnen

Kohlendioxid ausgestoßen. Spitzenreiter mit einem Drittel der Gesamtmenge war das bevölkerungsreiche China. In Europa war Deutschland mit 666 Millionen Tonnen der größte Produzent von Kohlendioxid. Brandenburg produzierte mehr als 52 Millionen Tonnen Kohlendioxid, beinahe die Hälfte davon in der Braunkohlenwirtschaft.

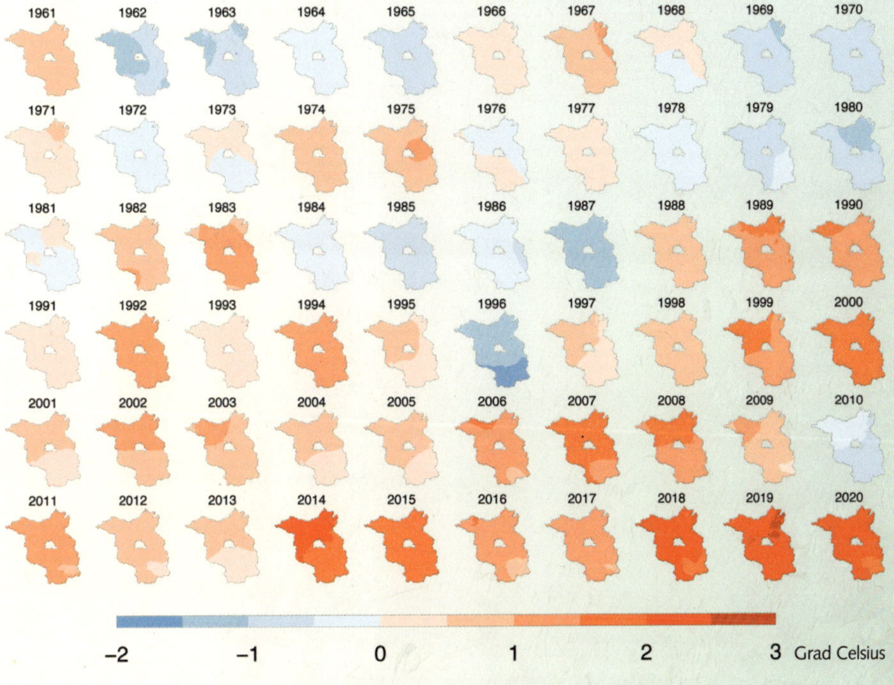


**Entwicklung der Temperaturen in Brandenburg im Vergleich zum langjährigen Durchschnittswert 1961-1990,** Landesbetrieb Forst Brandenburg / Christoph-Josef Thieme.
Der Temperaturanstieg in Brandenburg ist das Ergebnis des menschengemachten Klimawandels. Einzelne Regionen des Landes sind davon unterschiedlich betroffen. In Brandenburg und in der Welt insgesamt verstärkte sich der Anstieg der Temperaturen ab den 1970er Jahren.

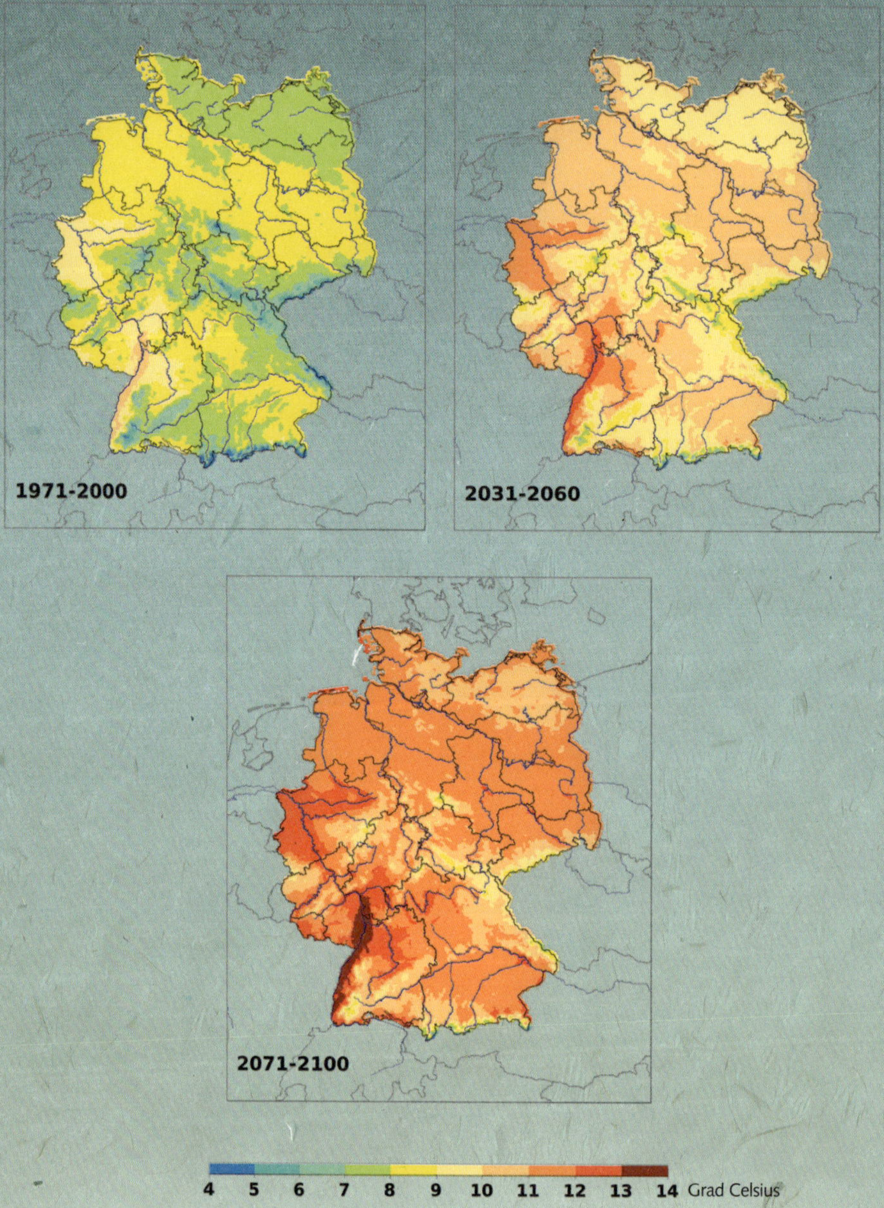


**Deutschland im Klimawandel**, Deutscher Wetterdienst.
Mit dem Klimawandel ändern sich die jährlichen Durchschnittstemperaturen in Deutschland, mit leichten Unterschieden in den Regionen. Gezeigt wird der beobachtete Zustand als Mittelwert für den Zeitraum 1971 bis 2000. Modellsimulationen (oben rechts und unten) zeigen die erwartete Erwärmung bis zum Ende des Jahrhunderts. Der durchschnittliche Anstieg beträgt 4,7 Grad Celsius.

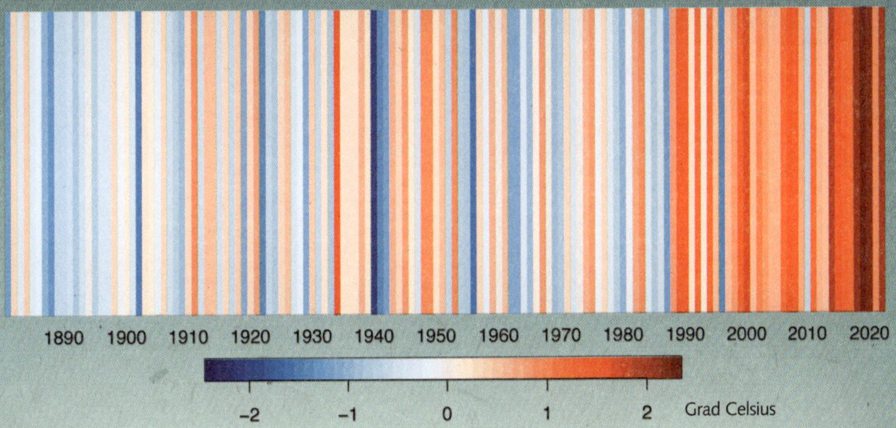


**Klimastreifen mit Darstellung der jährlichen Lufttemperatur in Brandenburg 1881-2022, Bezugszeitraum 1961-1990,** Deutscher Wetterdienst.
Der britische Klimawissenschaftler Ed Hawkins entwickelte die sogenannten Klimastreifen (Warming Stripes). Sie zeigen die mittleren Jahrestemperaturen, das kälteste Jahr dunkelblau und das wärmste Jahr dunkelrot. Neun der zehn heißesten jemals in Brandenburg gemessenen Sommer fallen in die Zeit seit 2000, die fünf heißesten Jahre wurden in den letzten zehn Jahren gemessen.

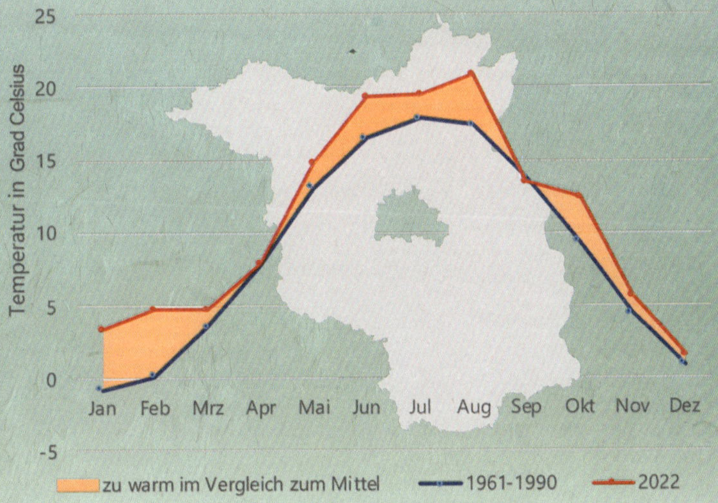


**Monatsmitteltemperaturen in Brandenburg 2022 im Vergleich zu 1961-1990,** Deutscher Wetterdienst / Landesamt für Umwelt Brandenburg.
Das Jahr 2022 hatte eine Durchschnittstemperatur von 10,8 Grad Celsius, es war das viertwärmste seit 1881 in Brandenburg gemessene Jahr. Bis auf den September lag jeder Monat über dem langjährigen Mittelwert. Das heißeste Jahr in Brandenburg war 2019 mit einer Durchschnittstemperatur von mehr als 11 Grad Celsius.

Emmission von Kohlendioxid (Gigatonnen Kohlendioxid pro Jahr)

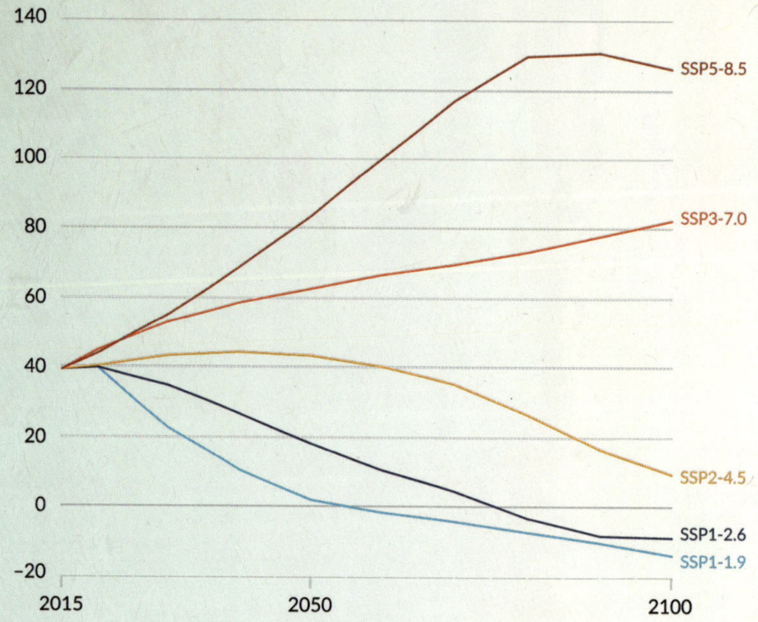


Änderung der globalen Oberflächentemperatur gegenüber 1850–1900

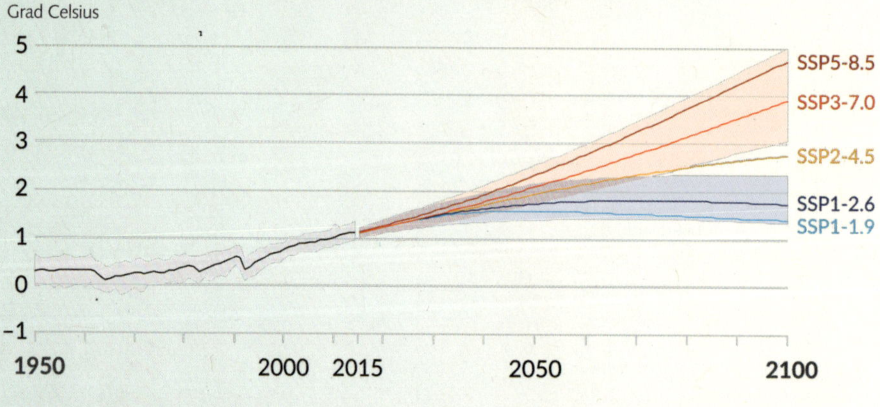


**Szenarien zur weltweiten Emission von Kohlendioxid und dem Anstieg der Temperaturen**, Weltklimarat der Vereinten Nationen.
Treibhausgase – allen voran Kohlendioxid – sind Motor des weltweiten Temperaturanstieges. Das ungünstigste Szenario mit sehr wenig Klimaschutz (SSP 5-8,5) rechnet mit hoher Emission von Treibhausgasen und hohem Temperaturanstieg. Das günstigste Szenario mit viel Klimaschutz (SSP 1-1,9) veranschlagt stark sinkende Treibhausgasemissionen und einen leichten Temperaturanstieg.

# MODELLE UND PROGNOSEN

Klimamodelle sind komplexe Berechnungsmethoden. Sie können Auskunft zum Klima der Zukunft geben. Dazu benötigen Klimamodelle Annahmen zu den menschengemachten Einflüssen auf das Klima (sogenannte Szenarien). Zur weltweiten Emission von Treibhausgasen und dem daraus folgenden Anstieg der Temperaturen hat der Weltklimarat der Vereinten Nationen unterschiedliche Szenarien entwickelt. Diese sind allgemein anerkannt. Sie bilden eine Grundlage der weltweiten Klimapolitik.

Ein günstiges Szenario rechnet mit großen Anstrengungen zum Klimaschutz und dem Stopp der Emission von Treibhausgasen. Ein solches Szenario geht von einem Temperaturanstieg um höchstens 2 Grad Celsius bis Ende des Jahrhunderts aus, bei einem zwischenzeitlichen Höchstwert Mitte dieses Jahrhunderts. Ein ungünstiges Szenario rechnet dagegen ohne Anstrengungen zum Klimaschutz und mit der weiteren Emission von Treibhausgasen. Dieses Szenario führt zu einer Temperarturerhöhung von 5 Grad Celsius bis Ende dieses Jahrhunderts.

# KLIMAWANDEL IN BRANDENBURG

Brandenburg zählt schon heute zu den wärmsten und trockensten Regionen Deutschlands. Das Land gehört zu den Regionen, in denen die Temperaturen weiter ansteigen und die Trockenheit möglicherweise weiter zunehmen wird. Der Deutsche Wetterdienst und das Landesamt für Umwelt berechnen für Brandenburg: Bei weiterhin steigender Emission von Treibhausgasen und ausbleibendem Klimaschutz werden die Temperaturen bis Mitte des Jahrhunderts um insgesamt fast 3 Grad Celsius, bis zum Ende des Jahrhunderts um bis zu 5 Grad Celsius steigen.

Bis Mitte dieses Jahrhunderts verändert der Klimawandel das Auftreten typischer Wettertage in unserer Region. Frosttage (Temperaturen bis unter 0 Grad Celsius) verringern sich um ein Drittel, Eistage (Temperaturen bis höchstens 0 Grad Celsius) verschwinden fast vollständig. Warme Sommertage (Temperaturen über 25 Grad Celsius), Heiße Tage (Temperaturen über 30 Grad Celsius), Tropennächte (Mindesttemperatur über 20 Grad) nehmen zu. Ein in Brandenburg bisher kaum bekanntes Phänomen häuft sich: Wüstentage mit Temperaturen über 35 Grad Celsius.

Die steigenden Temperaturen sind ein besonderes Gesundheitsrisiko. Hitze kann Krankheiten, Schlafstörungen und Erschöpfung auslösen. Schlimmstenfalls können die hohen Temperaturen zum Tod führen. Das Amt für Statistik Berlin-Brandenburg dokumentierte für das Jahr 2022 insgesamt 219 Hitzetode in Brandenburg, fast das Doppelte der Verkehrstoten.

**Hitzekarte Potsdam,** Landeshauptstadt Potsdam.
In Städten ist der Klimawandel besonders spürbar. Geringe Durchlüftung, wenige Grünflächen, viel Versiegelung und wärmespeichernde Gebäude erzeugen hier Wärmeinseln. Auch nachts fallen die Temperaturen kaum. Die Hitzekarte der Landeshauptstadt Potsdam zeigt, wo sich Wärmeinseln bilden können, die bis zu mehr als 5 Grad Celsius wärmer als ihre Umgebung sind. Vor allem in der dicht bebauten Innenstadt und in Babelsberg sind diese gut zu erkennen.

# DER WEG DES WASSERS

**Der Wasserkreislauf**
Niederschläge, Oberflächengewässer und Grundwasser sind miteinander verbunden. Steigende Lufttemperaturen beeinflussen das Niederschlagsverhalten. Bei höheren Temperaturen verdunstet mehr Wasser, auch über die Vegetation. Zudem kann warme Luft mehr Wasserdampf speichern. Niederschlagshäufigkeit, Niederschlagsmengen und Niederschlagsorte verändern sich. Die Folgen können längere Trockenzeiten und Niedrigwasser, aber auch starke Niederschläge und Hochwasser sein. Der Klimawandel verändert Seen, Flüsse und Kleingewässer in Brandenburg oder lässt sie sogar verschwinden. Steigende Temperaturen sind die Hauptursache.

# WANDEL UND VERSCHWINDEN

Im Sommer 2022 trocknete die Schwarze Elster im südlichen Brandenburg zum wiederholten Male aus. Auch anderswo in Brandenburg sanken die Wasserpegel von Seen und Flüssen, Fischteiche und viele Kleingewässer trockneten aus. Im folgenden Frühjahr kam die nächste Dürre. Der Rhin zwischen Rheinsberg und Neuruppin musste für den Wassersport gesperrt werden. Der Seddiner See in Potsdam-Mittelmark hat innerhalb weniger Jahre mehr als eineinhalb Meter Wasserhöhe verloren. Der Wandel und das Verschwinden der Gewässer machen die Folgen des Klimawandels in Brandenburg sichtbar.

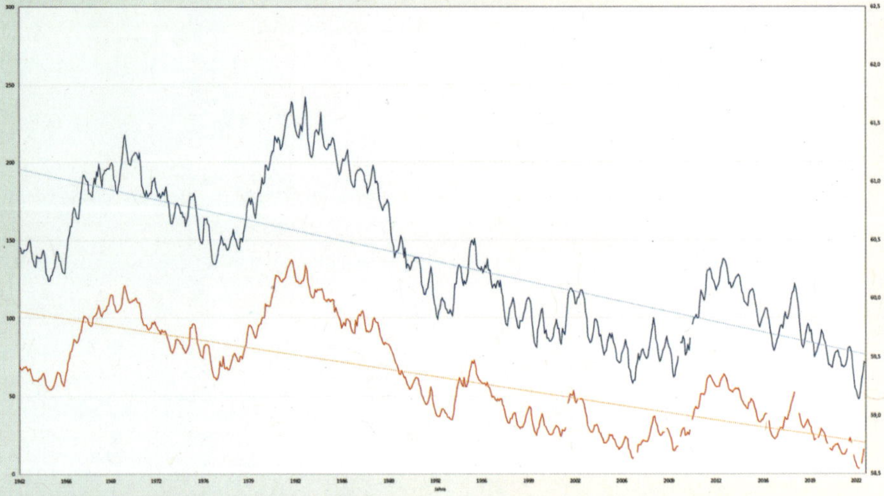

**Entwicklung Oberflächenpegel (blau) und Grundwasserstand (rot) Peetschsee**,
Landesamt für Umwelt Brandenburg.
Der Peetschsee bei Fürstenberg/Havel speist sich aus Grundwasser. Seit 1962 beobachtet die Forschung, dass mit abnehmendem Grundwasser auch der Pegel des Sees sinkt. Von zweieinhalb Meter Tiefe hat der See bis zum Frühjahr 2023 mehr als einen Meter eingebüßt. Auch andere Seen in Brandenburg leiden unter abnehmendem Grundwasser.

# WASSER UND GEWÄSSER IN BRANDENBURG

Brandenburg ist zwar reich an Gewässern wie Seen und Flüssen. Zugleich ist die Region aber arm an Wasser, sie ist das niederschlagsärmste Bundesland. Brandenburg leidet unter einer negativen klimatischen Wasserbilanz. Es verdunstet mehr Wasser, als durch Niederschläge nachkommt.

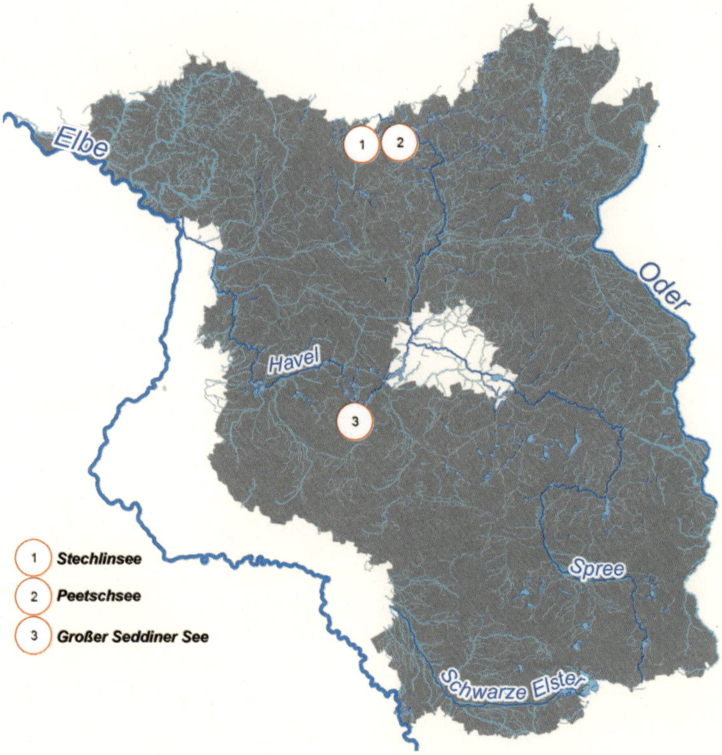


**Die Oberflächengewässer in Brandenburg,** Landesamt für Umwelt Brandenburg.
In Brandenburg gibt es etwa 3.000 Seen und 33.000 Kilometer Fließgewässer. Die Mehrzahl der größeren 190 Seen ist in keinem guten ökologischen Zustand. Ursachen sind beispielsweise Nährstoffeinträge durch die Landwirtschaft, etwa durch Gülle und Dünger, künstliche Uferbegradigungen aber auch die Folgen des Klimawandels.

Eine Folge des Klimawandels ist: Die Winter werden eher feuchter, die Sommer trockener. Weil die in Brandenburg typischen sandigen Böden schlechte Wasserspeicher sind, kommt es im Frühjahr und im Sommer schnell zu Dürren. Einzelne Starkniederschläge unterbrechen die Trockenzeiten. Die Niederschläge fließen jedoch über die ausgetrockneten Oberflächen verstärkt ab. Steigende Temperaturen begünstigen die Verdunstung des Wassers, bevor es versickern kann. Ohnehin gleichen die Niederschläge im Winter die Defizite vom Sommer nicht aus.

Die Neubildung von Grundwasser in Brandenburg ist beeinträchtigt. Im Vergleich zum langjährigen Durchschnitt ist das Grundwasser hier bis 2023 um mehr als 20 Prozent zurückgegangen. Darunter leiden Seen, Flüsse, Kleingewässer und Feuchtgebiete. Auch die Versorgung mit Trinkwasser ist betroffen. Denn Trinkwasser wird in Brandenburg zu 95 Prozent aus Grundwasser gewonnen. Bisher gilt die Versorgung der mehr als 2,5 Millionen Menschen mit Trinkwasser noch als gesichert. Doch immer weniger Grundwasser steht ein steigender Grundwasserbedarf gegenüber. Für eine ausreichende Neubildung von Grundwasser müssten Niederschläge möglichst lange in der Landschaft verbleiben. Gleichzeitig ist ein sparsamer Umgang mit dem zur Verfügung stehenden Wasser notwendig.

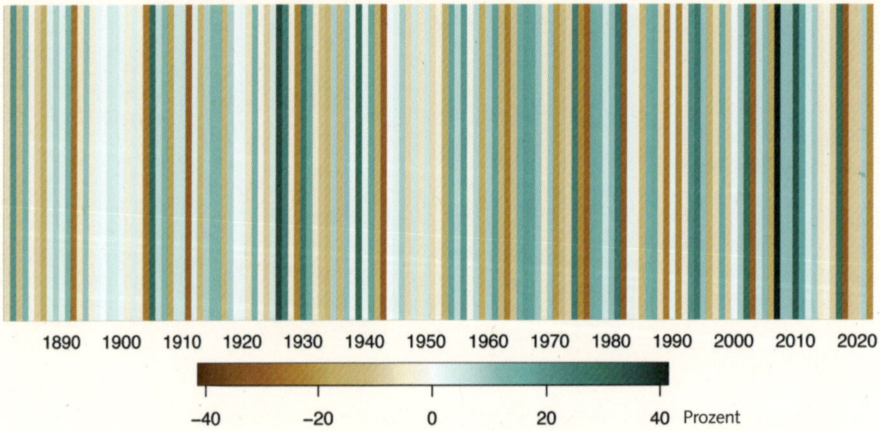


**Niederschlagsstreifen (Precipitation Stripes) mit Darstellung der jährlichen Niederschlagssummen in Brandenburg 1881-2022, Bezugszeitraum 1961-1990,** Deutscher Wetterdienst. 2018 war das trockenste jemals gemessene Jahr in Brandenburg, auch die Folgejahre waren sehr trocken. Für die Neubildung von Grundwasser stand kaum Wasser zur Verfügung.

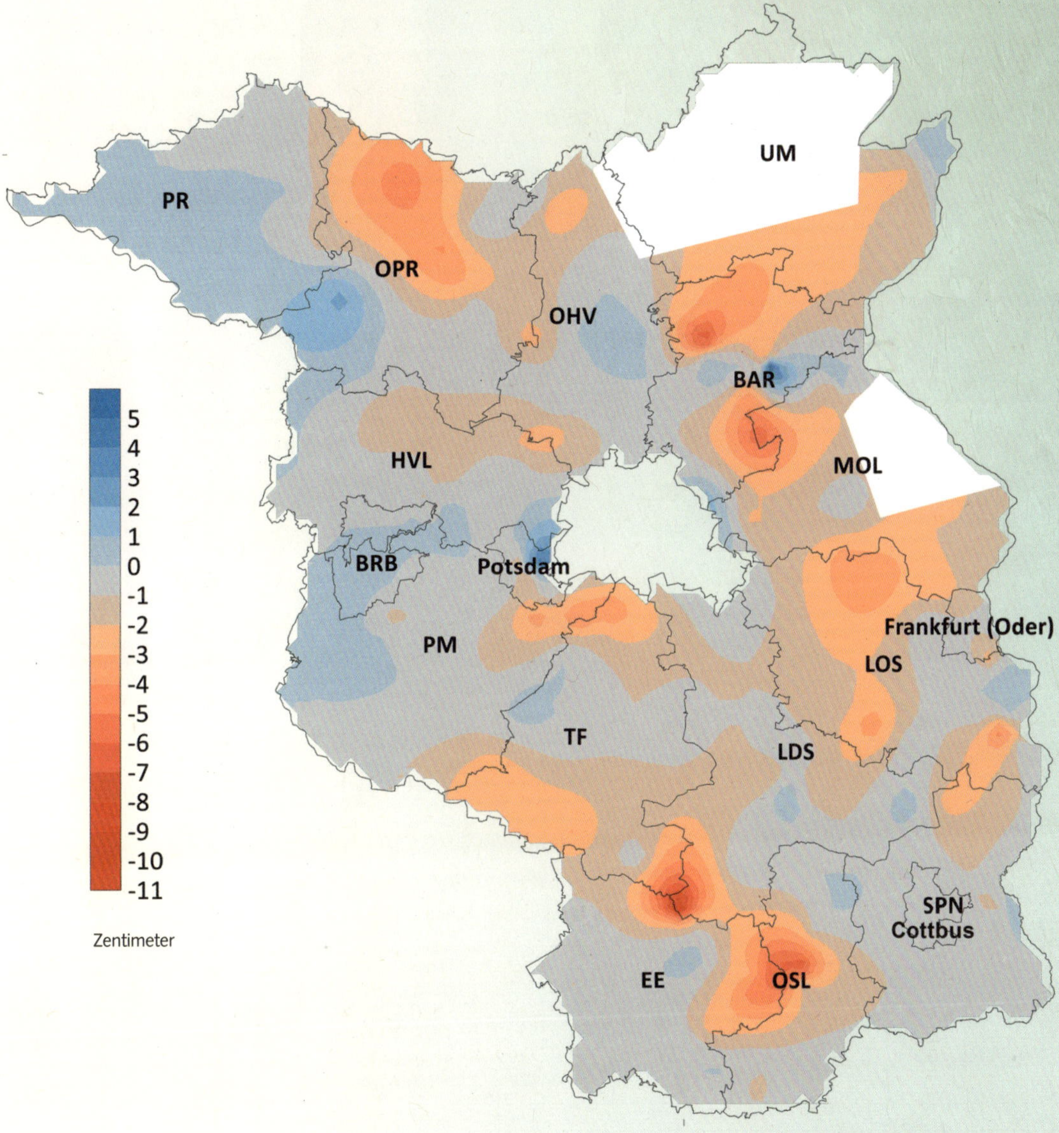


**Grundwasserentwicklung in tieferen Schichten in Brandenburg 1976-2020**, Landesamt für Umwelt Brandenburg.
Sinkende Grundwasserstände sind eine Folge des Klimawandels und der Übernutzung. In vielen Landkreisen in Brandenburg ist das bereits Wirklichkeit. Langfristig könnte der Grundwasserbestand in Brandenburg um ein weiteres Viertel zurückgehen. Die Karte zeigt die Entwicklung von Mittelwerten in Zentimeter. Bei weißen Flächen fehlen Daten.

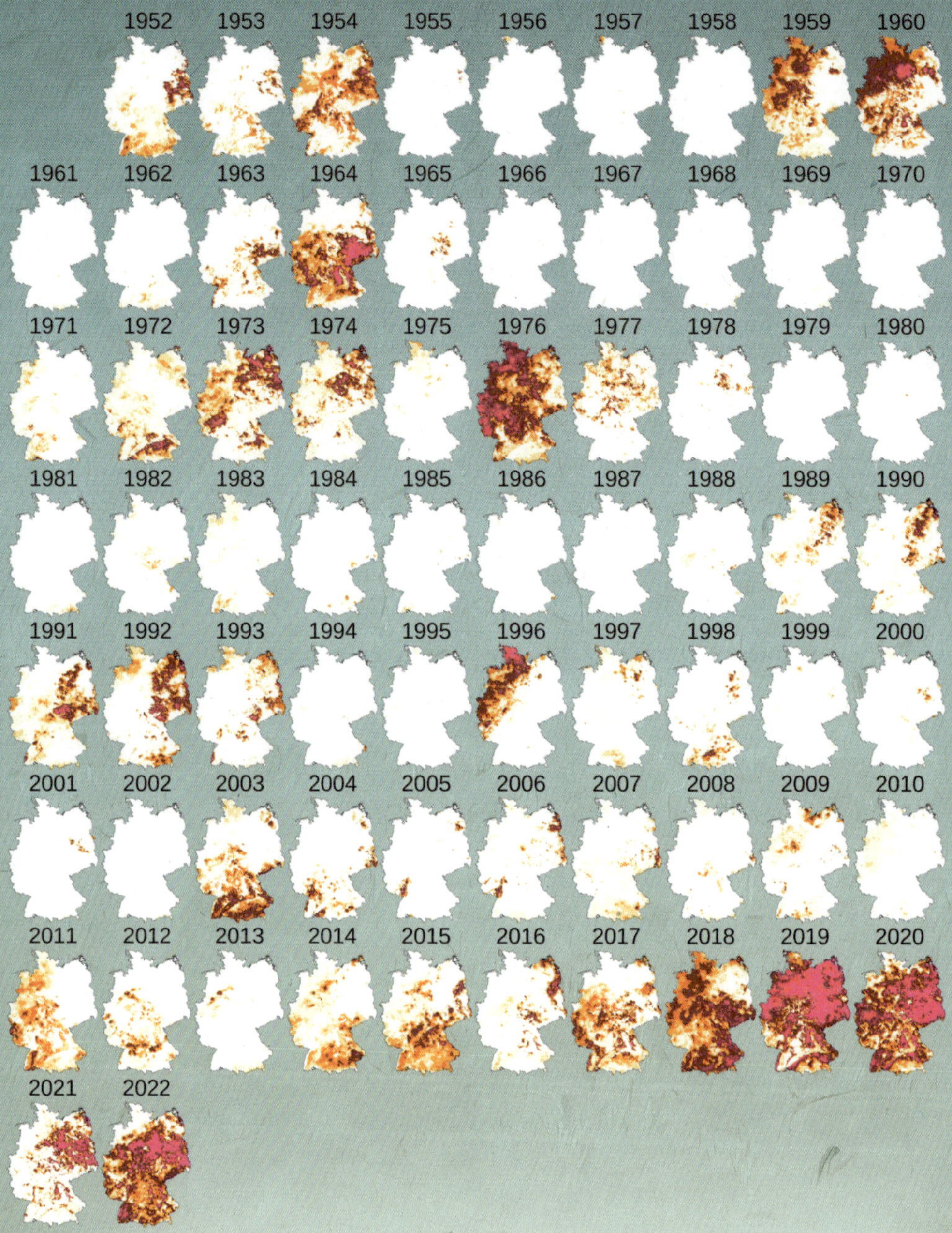


**Dürremonitor,** Helmholtz-Zentrum für Umweltforschung.
Brandenburg gehört zu den trockensten Regionen Deutschlands. Zwischen 1961 und 1990 fielen hier beispielsweise nur 70 Prozent der sonst in Deutschland üblichen Niederschlagsmenge. Die sandigen Böden und die Kiefernwälder in Brandenburg sind schlechte Wasserspeicher. Darum führen Trockenheit und hohe Temperaturen hier schnell zu Dürren.

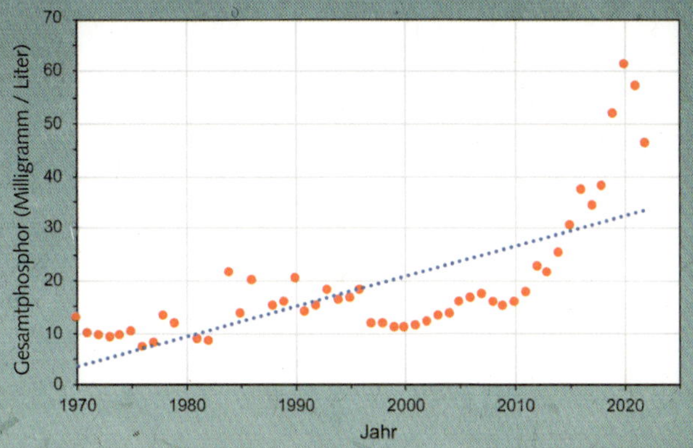


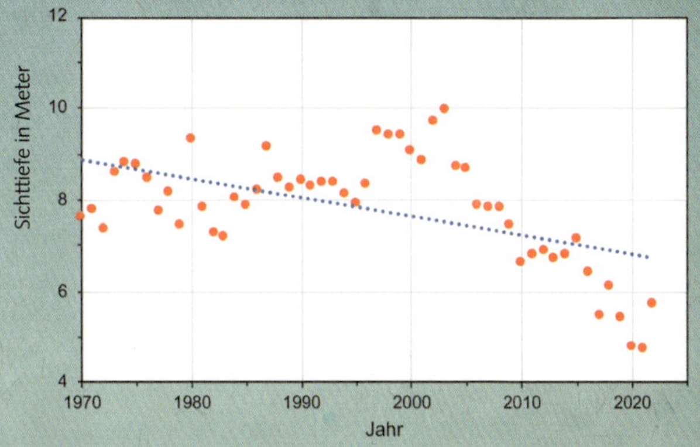


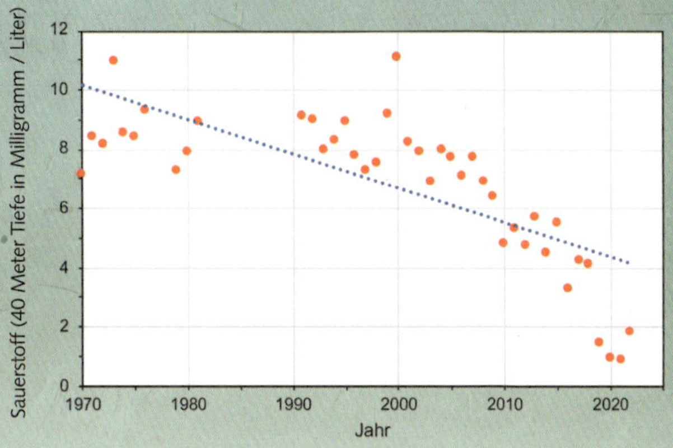


**Messreihen zur Langzeitbeobachtung des Stechlinsees,** Leibniz-Institut für Gewässerökologie und Binnenfischerei.
Wissenschaftlerinnen und Wissenschaftler beobachten im Stechlinsee einen starken Anstieg des Phosphorgehalts (oben). Der höhere Phosphorgehalt führt zu einem Anstieg der Algenmasse, was zu einer Trübung des Wassers führt (Mitte). Längere Sommerperioden und höhere Algenmasse verstärken die Sauerstoffzehrung in der Tiefe des Sees (unten).

# KLIMAWANDEL IST GEWÄSSER-WANDEL - BEISPIEL STECHLINSEE

Der Stechlinsee ist einer der größten und tiefsten Klarwasserseen in Norddeutschland. Sein Wasser stammt großteils aus dem Grundwasser. Die Umgebung des Sees ist relativ wenig von menschengemachten Einflüssen wie Einleitungen aus der Landwirtschaft belastet. Dennoch zeigen sich die Folgen des menschengemachten Klimawandels auch am Stechlinsee.

Die Wissenschaft beobachtet seit 2010 einen starken Anstieg des Nährstoffes Phosphor im See. Das fördert das Algenwachstum, das Wasser verliert seine Klarheit (Sichttiefe). Beim Abbau der verstärkt wachsenden Algen durch Mikroorganismen wird in tiefen Wasserschichten Sauerstoff verbraucht. Dort bilden sich zum Ende des Sommers sauerstofffreie Zonen, in denen praktisch kein Leben möglich ist. Der Sauerstoffmangel führt auch dazu, dass zusätzlich Phosphor aus dem Sediment gelöst wird. Die verlängerte Sommerschichtung als Folge des Klimawandels verstärkt diesen Vorgang. Der Stechlin wandelt sich von einem nährstoffarmen (oligotrophen) zu einem nährstoffreichen (eutrophen) Gewässer.

Wissenschaftlerinnen und Wissenschaftler sehen im Anstieg der Luft- und Wassertemperaturen eine der wesentlichen Ursachen für den Wandel des Stechlinsees. Der Klimawandel bedroht den See, seine Unterwasserpflanzen und seine Tierwelt. Um den Stechlinsee zu retten, empfiehlt die Wissenschaft ein schnelles und abgestimmtes Handeln gemeinsam mit Politik, Verwaltung, Wirtschaft und Zivilgesellschaft. Das brandenburgische Umweltministerium hat dafür Anfang 2021 eine Arbeitsgruppe (AG Stechlin) eingerichtet.

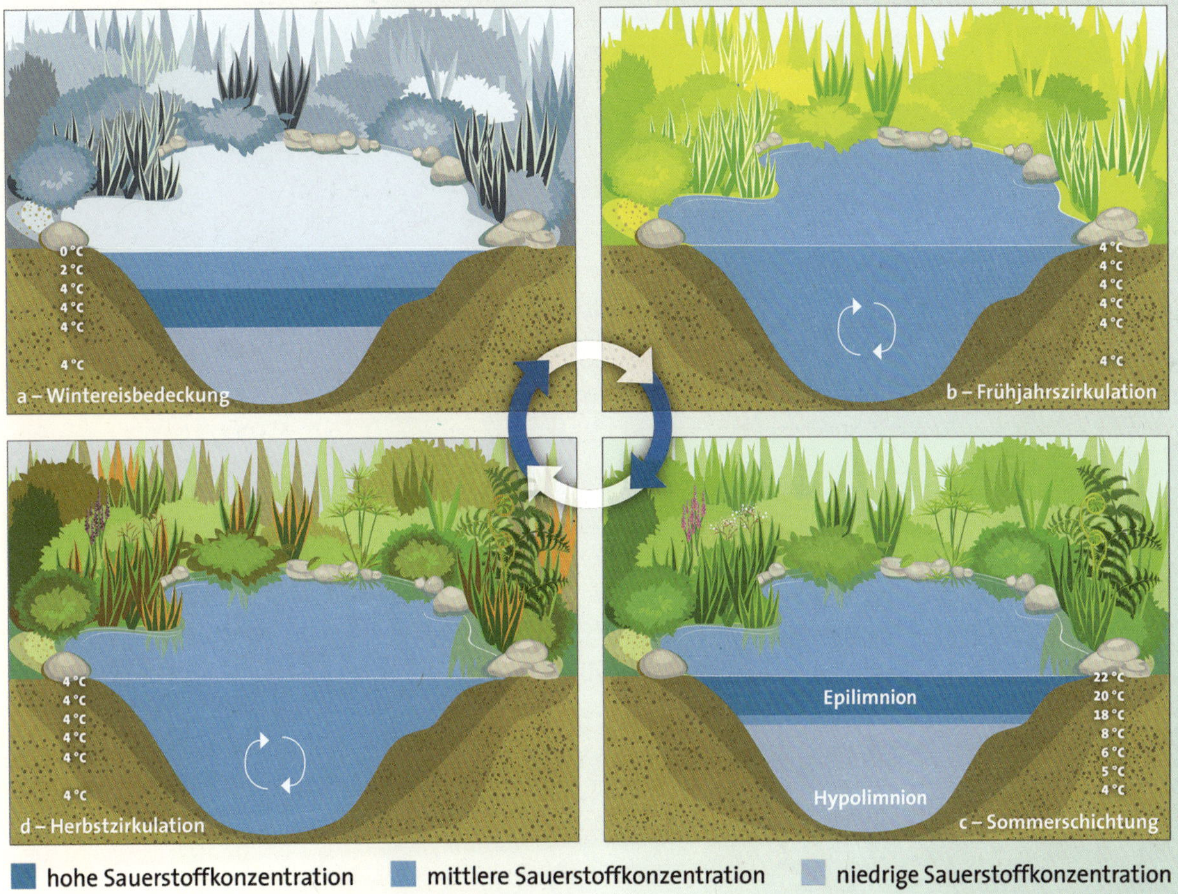


**Zyklus eines tiefen geschichteten Sees, der zweimal im Jahr durchmischt wird (Frühjahrs- und Herbstzirkulation),** Leibniz-Institut für Gewässerökologie und Binnenfischerei.

Der Klimawandel hat Folgen für das Schichtungs- und Mischungsverhalten von tiefen geschichteten Seen wie dem Stechlinsee. Mit dem Temperaturanstieg im Frühjahr erwärmt sich das Oberflächenwasser. Steigt die Temperatur an der Oberfläche über 4 Grad Celsius, schichtet sich das Wasser. Es entstehen warmes Oberflächenwasser, eine trennende Sprungschicht und kaltes Tiefenwasser. Als Folge des Klimawandels nimmt die Dauer der Sommerschichtung zu, die Herbstdurchmischung des Sees verzögert sich, in manchen Jahren bleibt sie ganz aus. Durch die längere Schichtung gelangt nicht mehr rechtzeitig Sauerstoff ins Tiefenwasser und auch Nährstoffe können nicht zirkulieren.

# EINE FRAGE DER KONZENTRATION - BEISPIEL ODER

Im August 2022 führte eine menschengemachte Umweltkatastrophe zum massenhaften Sterben von Fischen, Muscheln und Schnecken in der Oder. Manche Arten erlitten besonders starke Verluste – Ukelei, Stromgründling und Güster. Die Einleitung von industriellen Abwässern auf polnischer Seite erhöhten die Salzkonzentration im Fluss. Zugleich gelangten zu viele Nährstoffe in den Fluss. Aufgrund eines heißen, trockenen Sommers stiegen die Wassertemperaturen, der Wasserstand sank. Diese Faktoren ermöglichten der giftbildenden Goldalge eine massenhafte Entwicklung.

Das Ökosystem des Flusses brach zusammen. Schon vorher war die Oder durch Ausbau und Zerstörung ihrer Auen geschwächt. Um den Fluss wieder zu stärken und eine neue Katastrophe zu verhindern, empfehlen Wissenschaftlerinnen und Wissenschaftler, seinen Ausbau zu stoppen, schädliche Einleitungen zu senken und Abschnitte der Oder in ihren natürlichen Zustand zurückzubauen. Weil die Oder ein internationaler Fluss ist, ist dafür eine Zusammenarbeit nötig – vor allem mit Polen.

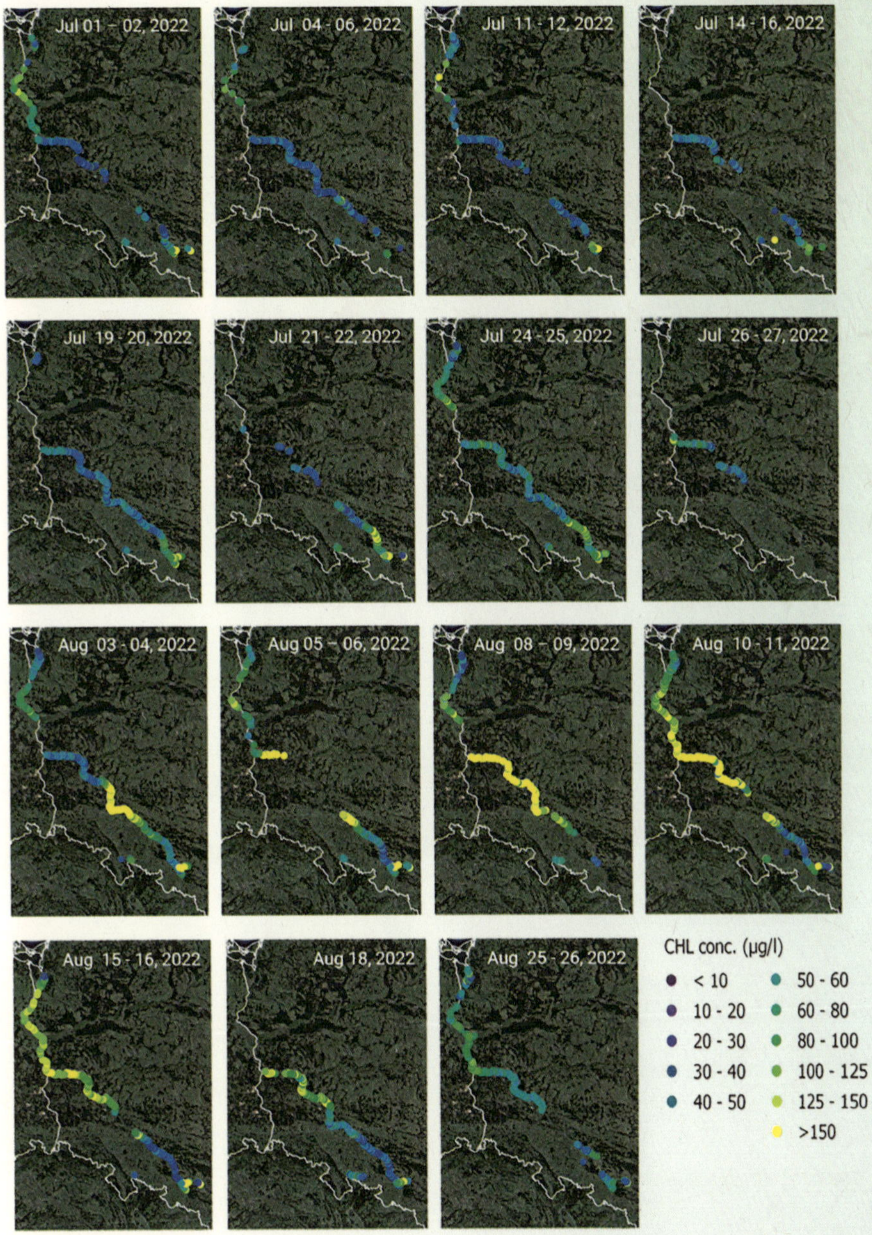


**Satellitenaufnahmen der Oder,** Brockmann Consult.
Die Katastrophe im Zeitraffer: 15 Profile von Chlorophyll-Konzentrationen in der Oder zwischen Juli und August 2022. Die gelbe Färbung zeigt besonders hohe Konzentrationen des Pflanzenfarbstoffs Chlorophyll. Proben bestätigten, es handelte sich um die Vermehrung der giftbildenden Goldalge.

# KONKURRENZ UMS WASSER – BEISPIEL SPREE

Wegen langer Trockenzeiten schränken einige Kommunen und Landkreise bereits heute die Wassernutzung ein. Im Frühjahr und im Sommer gelten in Brandenburg Beschränkungen und Verbote zum Pflanzengießen. Privathaushalte betrifft die Konkurrenz ums Wasser ebenso wie die Wirtschaft. Erdöl-Raffinerien (Schwedt), Elektroauto-Fabriken (Grünheide) und allen voran die Braunkohlenwirtschaft (Lausitz) haben einen großen Wasserbedarf.

Die Spree steht durch den Klimawandel und den Ausstieg aus der Braunkohlenwirtschaft vor großen Herausforderungen. Um Braunkohle abbauen zu können, werden Millionen Kubikmeter Grundwasser aus den Tagebauen in den Fluss gepumpt. So erhält die Spree bis zu drei Viertel ihres Wassers. Laut dem Kohleausstiegsgesetz des Bundes läuft die Braunkohlenwirtschaft in Brandenburg spätestens 2038 aus. Die Einleitungen in die Spree entfallen dann. Das Umweltbundesamt geht von einem abnehmenden Wasserstand bis hin zum stellenweisen Austrocknen des Flusses aus. Das Land Brandenburg sucht nach Lösungen, um das zu verhindern.

**Spreewaldheide im Spreewald,** Michael Kucharski auf Unsplash.

**Trockengefallener Gewässerabschnitt im Spreeeinzugsgebiet,** Leibniz-Institut für Gewässerökologie und Binnenfischerei / Hauke Dämpfling.
Wenn genügend Wasser in der Spree und in der Landschaft bleibt, hilft das der Natur und auch uns selbst. Ein besserer Wasserrückhalt in der Landschaft kann beispielsweise gelingen, indem wir Moore wiedervernässen, Auen ausweiten und Flächen entsiegeln.

# LAND UND BODEN

WINTER
STIEL-EICHE (BLATTFALL)
1.11. / 4.11.

SPÄTHERBST
STIEL-EICHE (BLATTFÄRBUNG)
15.10. / 18.10.

VOLLHERBST
STIEL-EICHE (FRUCHT)
25.9. / 17.9.

FRÜHHERBST
HOLUNDER (FRUCHT)
4.9. / 23.8.

SPÄTSOMMER
APFEL (FRUCHT)
3.8. / 29.7.

**Die Folgen des Klimawandels auf dem Feld**
Die Winter werden milder, der Frühling und die Blüte der Pflanzen beginnen zeitiger. Die nachfolgenden Jahreszeiten setzen ebenfalls früher ein. Die Wachstums- und Entwicklungszeit der Pflanzen in Brandenburg hat sich im Durchschnitt um etwa drei Wochen verlängert. Ende dieses Jahrhunderts fällt die Apfelblüte voraussichtlich in die erste Aprilwoche. Der Beginn hätte sich damit in 100 Jahren um vier Wochen nach vorn verschoben.

# DIE ENTWICKLUNG VON PFLANZEN WÄHREND DER JAHRESZEITEN IN BRANDENBURG

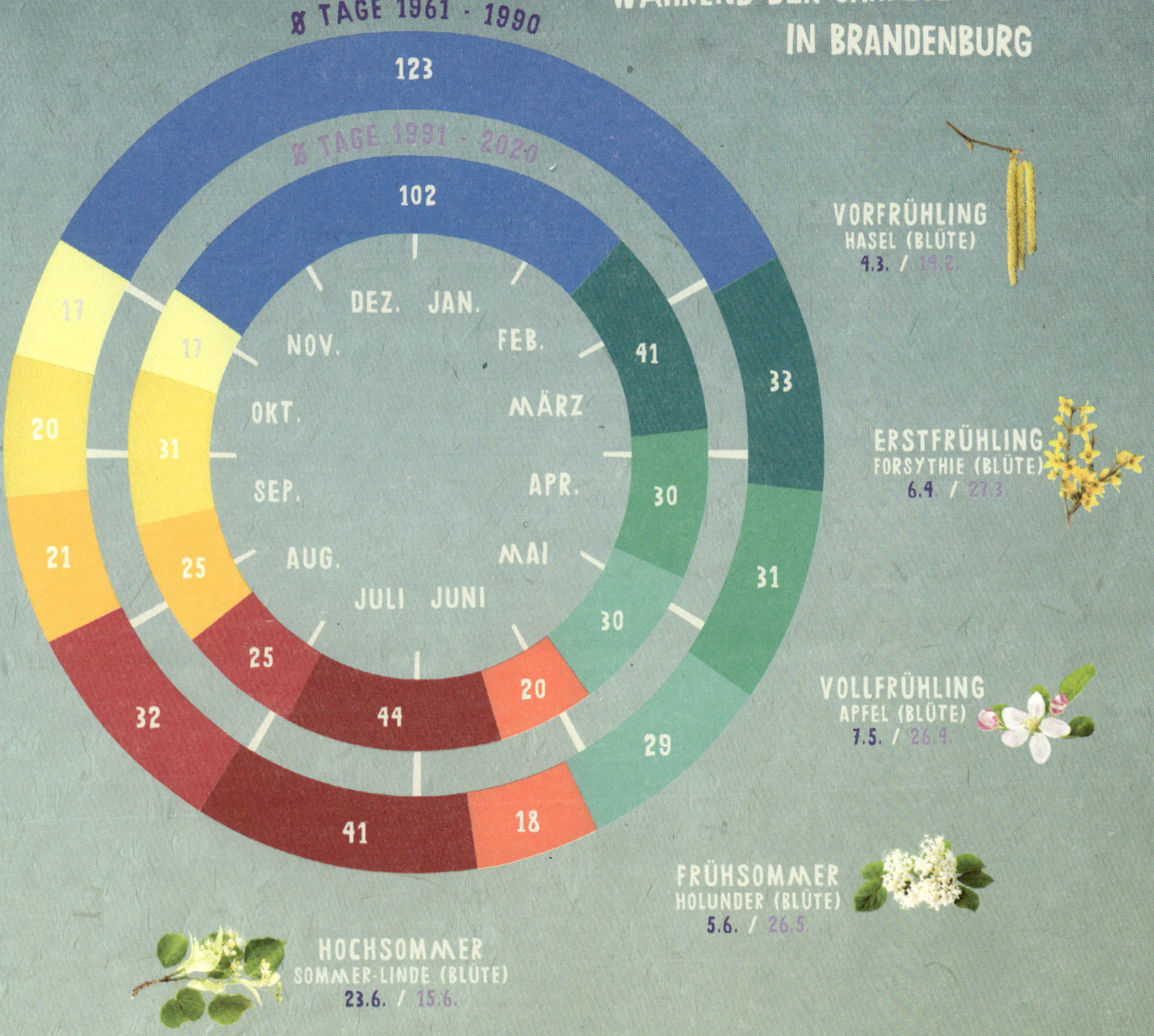

# KLIMAWANDEL AUF DEM FELD

Nach den ersten warmen Tagen im Frühjahr 2019 begannen die Kirschbäume in Werder (Havel) schon Mitte April zu blühen. Dann folgten Nachtfröste, die Obstbauern fürchteten um ihre Ernte. Sie wussten: Der Temperaturanstieg des Klimawandels bringt zwar eine frühe Blüte, doch späte Fröste und Trockenheit im Frühjahr gefährden die Ernte. Deutlich mehr als die Hälfte der Ernte kann verloren gehen. Für die Obstbauern ist das ein wirtschaftliches Problem. Auf den Feldern sind die Folgen des Klimawandels in unterschiedlicher Weise spürbar. In Brandenburg bietet die Anpassung an den Klimawandel auch neue Möglichkeiten.

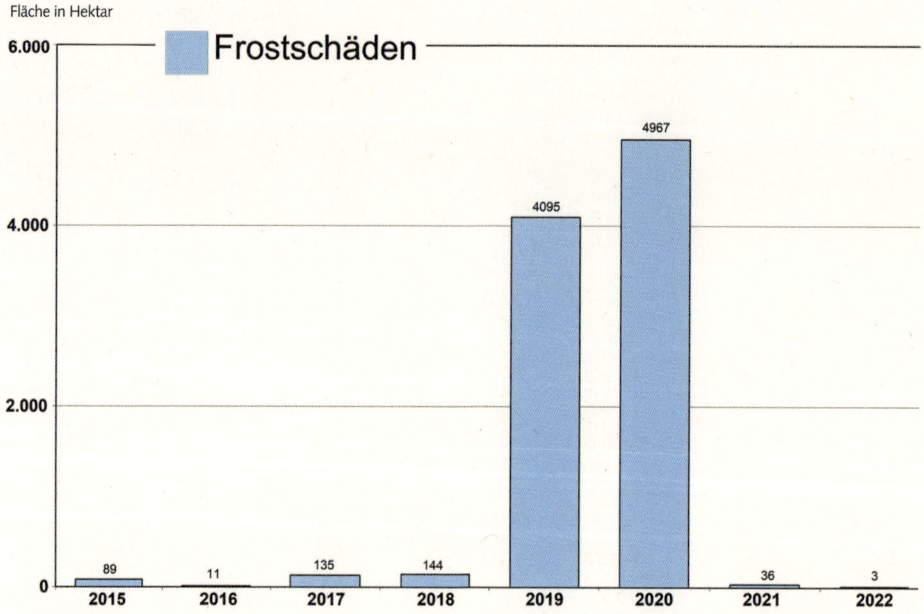


**Schadensflächen durch Spätfröste an jungen Bäumen,** Landesbetrieb Forst Brandenburg.
Mit zeitigerem Wachstum und früherer Entwicklung steigt die Gefahr von Frostschäden. Für bestäubende Insekten ist das ein lebensbedrohliches Problem, weil ihnen dann die Nahrung fehlt. Den Kleinen Fuchs, früher der häufigste Schmetterling in Brandenburg, gibt es auch wegen verschobener Jahreszeiten und Vegetationsphasen kaum noch.

# LANDWIRTSCHAFT

Brandenburg ist stark von Landwirtschaft geprägt. Knapp die Hälfte seiner Landfläche wird landwirtschaftlich genutzt. Die Landwirtschaft ist wichtiger Arbeitgeber, gehört aber auch zu den großen Produzenten von Treibhausgasen. Die Böden in Brandenburg gelten eigentlich als ungünstig für die Landwirtschaft, weil sie sandig, humusarm und trocken sind.

In Deutschland insgesamt wirkt sich der Klimawandel bisher positiv auf die Landwirtschaft aus. Längere Vegetationsphasen, wärmere Temperaturen und steigender Kohlendioxidgehalt in der Luft nutzen beispielsweise Winterweizen und Mais. Ab einem Temperaturanstieg von mehr als 2 Grad Celsius werden aber die negativen Folgen von Hitze und Trockenheit überwiegen.

In Brandenburg hat der Klimawandel schon jetzt negative Auswirkungen. Trockenheit im Frühjahr und im Sommer führt hier zu Einbußen bei Winterweizen, Wintergerste und Mais. Ein Grund dafür sind die sandigen Böden der Region, die das ohnehin knappe Wasser kaum speichern. Schneller als anderswo muss sich die Landwirtschaft in Brandenburg an die klimatischen Veränderungen anpassen.

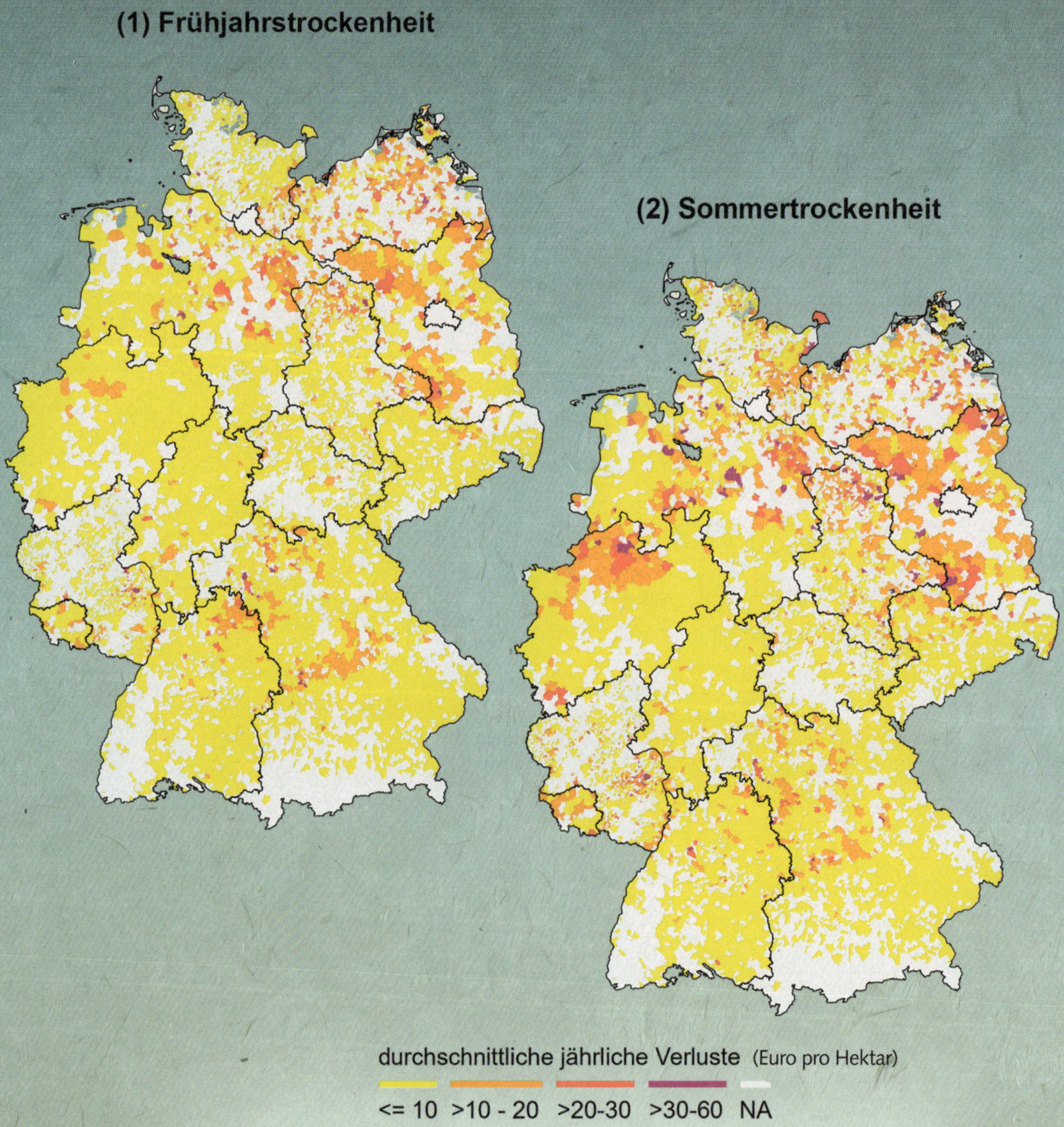


**Ertragsverluste bei Winterweizen durch extreme Frühjahrs- und Sommertrockenheit im Jahr 2018,** Thünen-Institut.
Dürren und extreme Wetterereignisse schaden der Landwirtschaft im Nordosten von Deutschland. Im Jahr 2018 erhielten 778 Betriebe in Brandenburg wegen Ernteausfällen insgesamt 72 Millionen Euro Dürrehilfe.

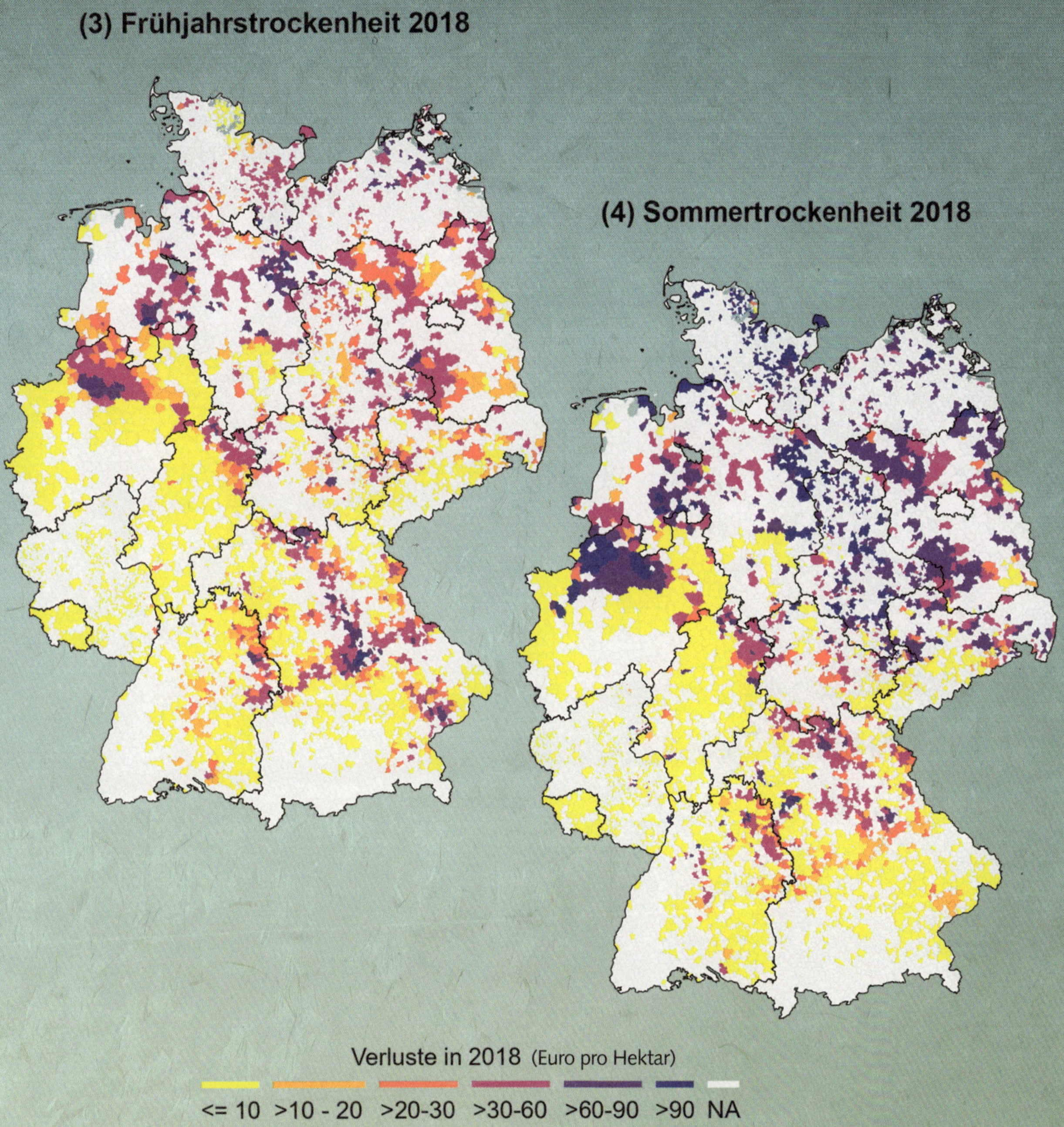
(3) Frühjahrstrockenheit 2018
(4) Sommertrockenheit 2018
Verluste in 2018 (Euro pro Hektar)
<= 10 >10 - 20 >20-30 >30-60 >60-90 >90 NA

# UMBAU DER LANDWIRTSCHAFT

Die Landwirtschaft kann sich an die Folgen des Klimawandels anpassen. Mit schonender Düngung und Bodenbearbeitung, Maßnahmen zum Humusaufbau, neuen Fruchtfolgen und Saatzeiten, zusätzlichen Zwischenfrüchten und Untersaaten. Zudem gibt es Alternativen. Kichererbsen und Strauchhirse kommen beispielsweise mit weniger Wasser zurecht.

Agroforstwirtschaft kombiniert die Feldwirtschaft mit dem Anbau von Bäumen, Sträuchern und Hecken. Große Anbauflächen werden vermieden, die Flächen erhitzen sich weniger stark. Die Artenvielfalt im und über dem Boden steigt, mehr Wasser bleibt in der Landschaft. Der Aufbau guter Böden und von Ökonischen wird gefördert. Das gewonnene Baumholz kann zu Pellets verarbeitet und verkauft werden.

Agri-PV verbindet Landwirtschaft und den Bau von Photovoltaikanlagen (PV). So kann ein PV-Dach Tieren auf der Weide Schatten spenden. Bei Durchlässigkeit für Licht und Niederschläge können unter PV-Dächern Obst und Gemüse angebaut werden.

# WALDBRÄNDE UND BAUMSTERBEN

Brandenburg hat die drittgrößte Waldfläche aller Bundesländer. Mehr als ein Drittel des Landes sind mit Wald bedeckt, drei Viertel davon sind Kiefern. Steigende Temperaturen und zunehmende Dürren schwächen die Bäume, Waldbrände nehmen zu. Wegen trockener Böden und ausgedehnter Kiefernwälder ist Brandenburg besonders waldbrandgefährdet. Seit 2010 verbrannte hier die größte Waldfläche aller Bundesländer.

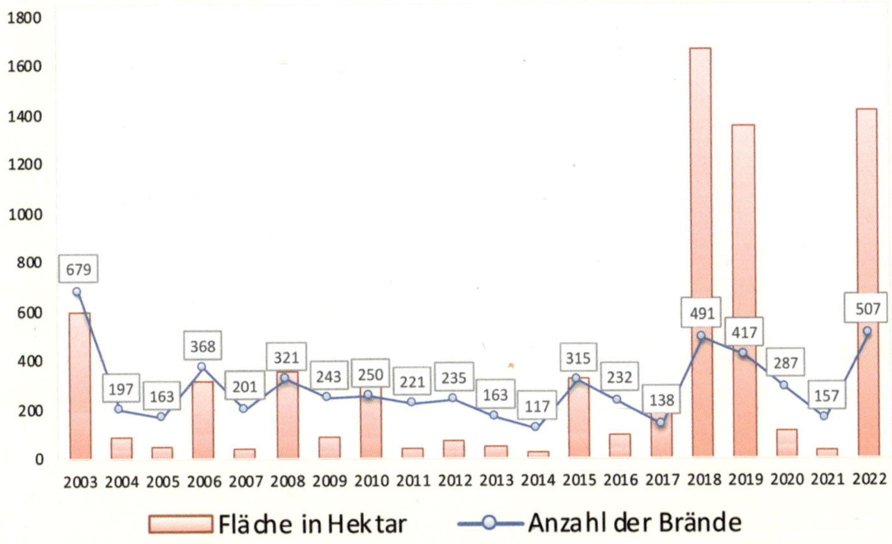


**Waldbranddiagramm,** Landesbetrieb Forst Brandenburg.
Steigende Temperaturen und zunehmende Trockenheit erhöhen das Risiko von Waldbränden. Im Sommer 2018 vernichtete ein Großfeuer bei Treuenbrietzen im Landkreis Potsdam-Mittelmark hunderte Hektar Wald. Im Jahr darauf tobte ein Großfeuer bei Jüterbog im Landkreis Teltow-Fläming. Auf Teilflächen der beiden Brände erforscht das von der Hochschule für nachhaltige Entwicklung Eberswalde initiierte Forschungsprojekt PYROPHOB, wie ein Wald aussehen kann, der robust gegenüber Hitze, Trockenheit und Bränden ist.

**Waldbrandkarte,** Landesbetrieb Forst Brandenburg.
Das Jahr 2022 zählt zu den waldbrandreichsten letzten 20 Jahren. Großbrände ereigneten sich vor allem während der Hitzewellen im Juni und Juli. Keine Oberförsterei in Brandenburg blieb von Waldbränden verschont.

# NATURNAHER WALDUMBAU

Wälder sind Kohlendioxidspeicher und können den Klimawandel dämpfen. In brandenburgischen Wäldern sind rund 250 Millionen Tonnen Kohlendioxid gebunden. Außerdem speichern Wälder Niederschläge und geben das Wasser langsam und gleichmäßig ab. Allerdings sind Kiefernwälder keine guten Wasserspeicher. Sehr viel geeigneter sind Wälder mit vielen Laubbäumen. Artenreiche Mischwälder sind widerstandsfähiger als Monokulturen. Der Waldumbau zu naturnahen Mischwäldern mit verschiedenen Baumarten kann den Zustand der Wälder verbessern.

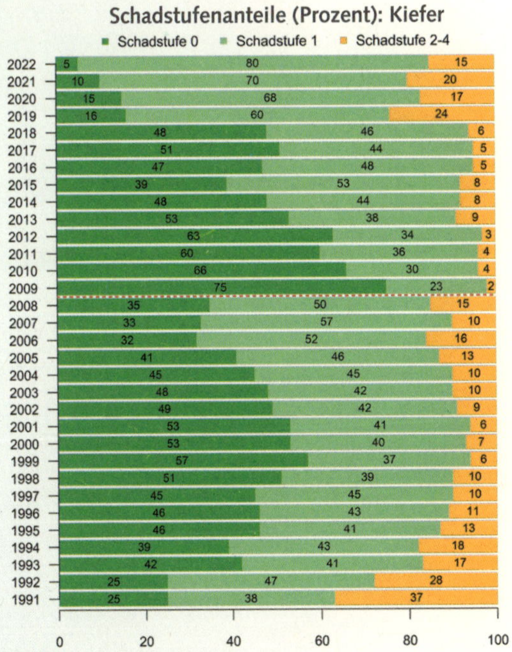


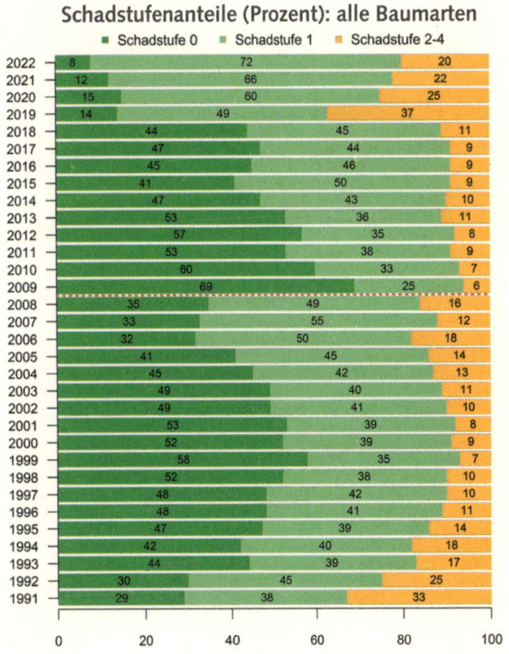


**Baumschäden für Kiefer und alle Baumarten in Brandenburg,** Landesbetrieb Forst Brandenburg.
Der Wald in Brandenburg ist krank. Nach heißen und trockenen Jahren sind Kiefern, aber auch Laubbäume, wie Eichen und Buchen, stark geschädigt. Geschwächte Bäume sind anfälliger für Schädlinge und können Stürmen schlechter standhalten. Sie stellen ein großes Risiko für den Straßenverkehr, aber auch für Erholungssuchende in Parks, Gärten und Wäldern dar.

# DAS MOOR ALS KLIMASCHÜTZER

Moore sind riesige Speicher von Wasser und Kohlendioxid. Mit mehr als 5 Prozent der Landfläche gehört Brandenburg zu den moorreichsten Regionen in Deutschland. Jedoch werden seit Jahrzehnten beinahe alle Moore künstlich entwässert, um die Flächen für die Landwirtschaft zu nutzen. Weniger als 3 Prozent aller Moore in Brandenburg sind intakt.

Entwässerte Moore belasten das Klima. Unter anderem setzen sie gebundenes Kohlendioxid wieder frei. Mehr als 7 Millionen Tonnen Kohlendioxid setzen die Moore in Brandenburg aktuell frei, das ist mehr als der gesamte Verkehrssektor in Brandenburg. Die Wiedervernässung der Moore würde die Emission von Treibhausgasen stark senken. Mit erneuter Torfbildung speichern Moore dann sogar wieder Kohlendioxid.

Anfang 2021 startete das Landesamt für Umwelt ein „Klimamoor-Projekt". Das fünfjährige Pilotprojekt kostet knapp 7 Millionen Euro. Expertinnen und Experten aus der Landwirtschaft, dem Ingenieurswesen und der Wissenschaft arbeiten hier gemeinsam an Lösungen, um Moore zu bewirtschaften und zu schützen. Im Frühjahr 2023 hat das Land Brandenburg zudem ein Moorschutzprogramm verabschiedet.

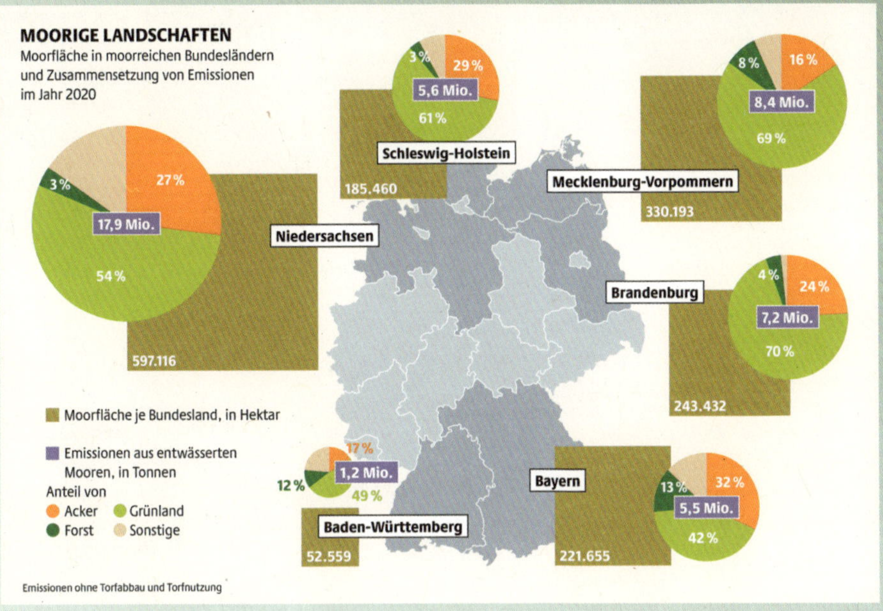


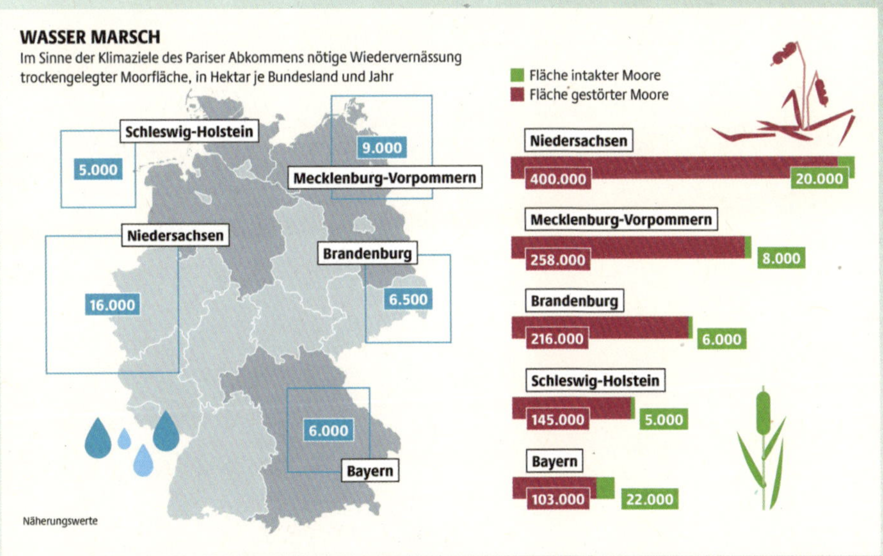


**Emissionen und notwendige Wiedervernässung von Mooren in Deutschland,** Mooratlas 2023, Eimermacher/STOCKMAR+WALTER Kommunikationsdesign, CC BY 4.0.

Für den Klimaschutz hat die Wiedervernässung von Mooren große Bedeutung. Im August 2023 zeichneten das Bundesumweltministerium und das Bundesamt für Naturschutz das brandenburgische „Klimamoor-Projekt" als Projekt der „Dekade der Vereinten Nationen zur Wiederherstellung von Ökosystemen" aus. Das Projekt erforscht unter anderem Anwendungsmöglichkeiten für Moorprodukte, zum Beispiel Gräser aus dem Moor als Erdveredler für Gärten oder als Holzersatz für Pappverpackungen.

# KLIMAPOLITIK

# IN BRANDENBURG

**Klimapolitik in Land und Kommunen**
Die Verfassung von Brandenburg erklärt den Schutz der natürlichen Lebensgrundlagen zur Pflicht des Landes und aller Menschen (Artikel 39). Im November 2021 beschloss die Landesregierung (SPD, CDU, Bündnis 90/Die Grünen) acht Handlungsfelder eines Klimaplans für Brandenburg. Zugleich findet Klimapolitik in den Kommunen statt.

# KLIMAPOLITIK IST WELTPOLITIK

Die Ursachen des Klimawandels müssen weltweit bekämpft werden. Große Bedeutung hat dabei das Pariser Klimaschutzabkommen der Vereinten Nationen von 2015. Das Abkommen regelt, den weltweiten Temperaturanstieg deutlich unter 2 Grad Celsius zu begrenzen. Die Welt soll im Jahr 2050 klimaneutral sein. Das bedeutet, die menschengemachten Treibhausgase sollen dann im Gleichgewicht mit der Speicherung und dem Abbau dieser Gase sein. Dafür muss die Emission von Treibhausgasen schnell, tiefgreifend und nachhaltig gesenkt werden.

Große Bedeutung für die Klimapolitik hat auch die Agenda 2030 der Vereinten Nationen. 2015 vereinbarten sie darin 17 Nachhaltigkeitsziele für Umwelt, Wirtschaft und Gesellschaft. Einfach ausgedrückt heißt Nachhaltigkeit: Die Bedürfnisse der Gegenwart zu befriedigen, ohne Risiken für zukünftige Generationen zu schaffen. Das erfordert einen Wandel unserer bisherigen Lebensgewohnheiten und Wirtschaftsweisen. Die Nachhaltigkeitsziele formulieren allgemeine Prinzipien und Ziele, die weltweite und auch kommunale Handlungsfelder betreffen.

**Die 17 Nachhaltigkeitsziele der Vereinten Nationen.**
Die Nachhaltigkeitsstrategie von Brandenburg baut auf den Nachhaltigkeitszielen der Vereinten Nationen auf. Sie richtet sich an die Landesverwaltung und an die Gesellschaft. Mit Blick auf die Gesellschaft behandelt die Nachhaltigkeitsstrategie von Brandenburg fünf Schwerpunkte:

1. Natürliche Lebensgrundlagen, Umwelt und Natur,
2. Bildung und lebenslanges Lernen,
3. Soziale Gerechtigkeit, Zusammenhalt und Inklusion,
4. Gesundheit, Pflege und Prävention,
5. Wirtschaft, Arbeit und Innovation.

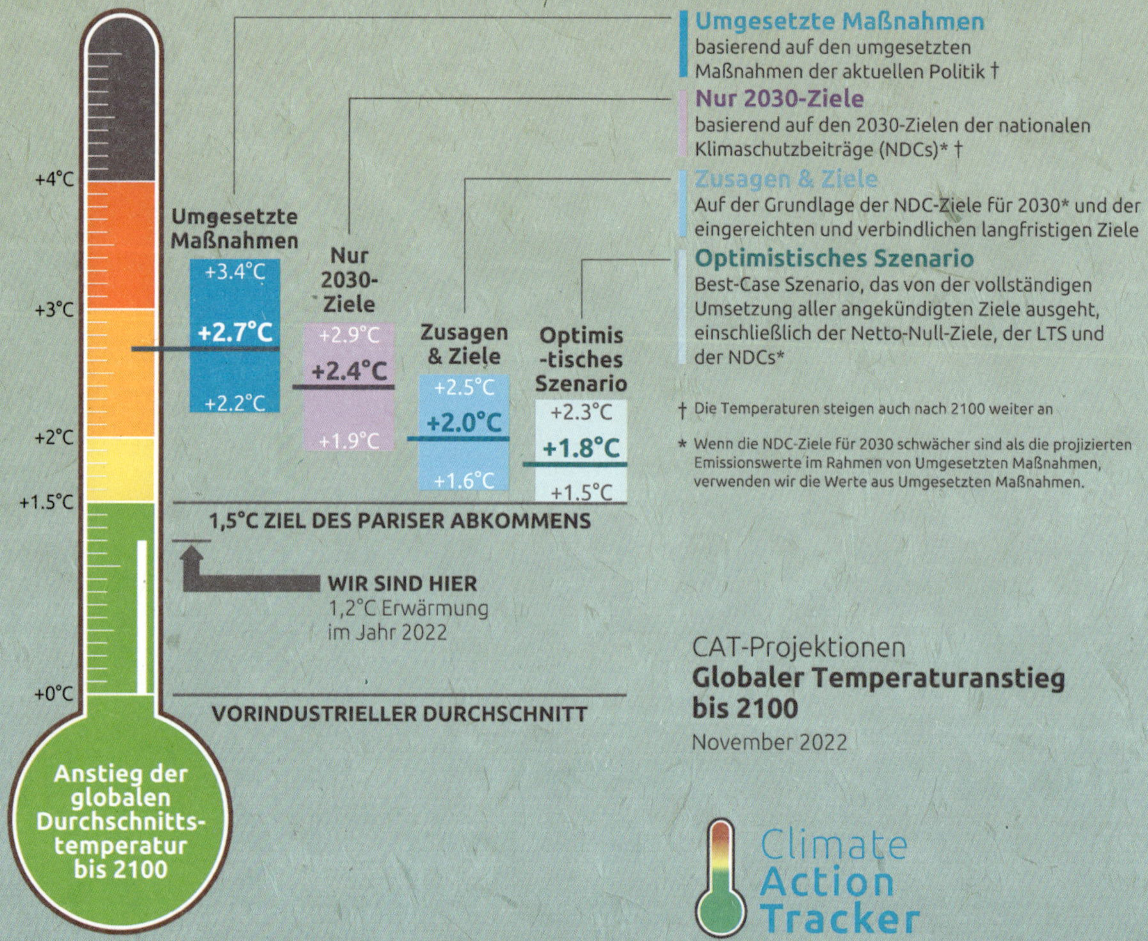


**Climate Action Tracker – erwarteter globaler Temperaturanstieg bis 2100 und die weltweite Klimapolitik,** Climate Analytics / NewClimate Institute.
Der Climate Action Tracker ist ein wissenschaftliches Projekt. Es verfolgt die Klimapolitik von 39 Ländern und der Europäischen Union, die für rund 85 Prozent der weltweiten Emission von Treibhausgasen verantwortlich sind. Der Climate Action Tracker zeigt: Die bisher umgesetzten Maßnahmen genügen nicht, um die vereinbarten Klimaziele zu erreichen.

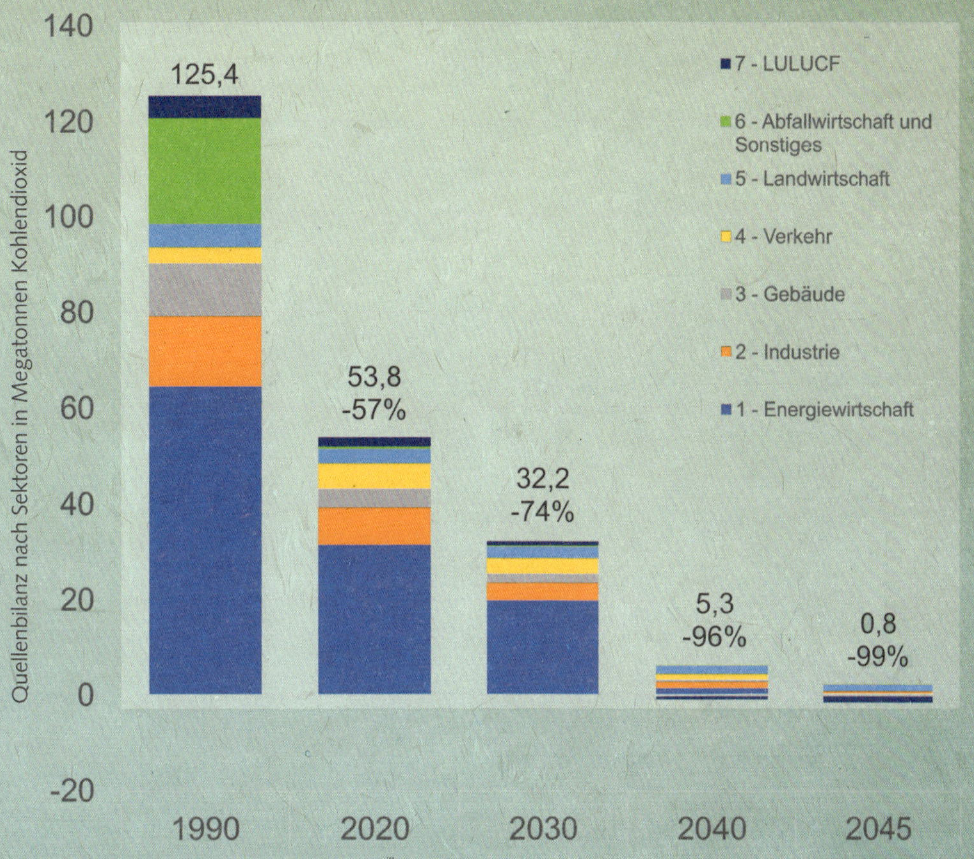


**Emission von Treibhausgasen in Brandenburg bis 2020 und Szenario für ein klimaneutrales Brandenburg bis 2045,** Bernd Hirschl.
Mit dem Umbau der Wirtschaft seit 1990 ist die Emission von Treibhausgasen in Brandenburg stark gesunken. Die Energiewirtschaft stößt noch immer die meisten klimaschädlichen Gase aus. Der bis 2038 geplante Ausstieg aus der Braunkohlenwirtschaft ist wichtig, um Klimaneutralität zu erreichen. Moore und Wälder (LULUCF, englische Abkürzung für Landnutzung, Landnutzungsänderung und Forstwirtschaft) können durch Wiedervernässung und Waldumbau zu Speichern für Treibhausgase werden.

# KLIMASCHUTZ IN BRANDENBURG

Der Klimaplan von Brandenburg ist Klimaschutzstrategie und Maßnahmenprogramm zur Klimaneutralität. Er orientiert sich am Klimaschutzgesetz der Bundesrepublik und sieht vor, dass Brandenburg spätestens 2045 klimaneutral ist. Dafür sind rasche und größere Anstrengungen als bisher nötig. Dazu gehören beispielsweise der Ausbau erneuerbarer Energien, die Stärkung des Öffentlichen Personennahverkehrs sowie des Rad- und Fußverkehrs und auch die Wiedervernässung der Moore.

Die Wissenschaft hat allerdings herausgefunden: Das Ziel des Pariser Klimaschutzabkommens, den Temperaturanstieg deutlich unter 2 Grad Celsius zu halten, kann Brandenburg nicht erreichen.

Bis Anfang 2024 stand die Verabschiedung des Klimaplans durch die Landesregierung aus. Um den Klimaplan umzusetzen, rät die Wissenschaft zu einem Klimafonds in Brandenburg mit 500 Millionen Euro pro Jahr. Um den Klimaplan verbindlich zu machen, empfiehlt die Wissenschaft auch ein eigenes Klimaschutzgesetz für Brandenburg.

# EINE LANDESSTRATEGIE FÜR NACHHALTIGKEIT

Brandenburg hat bereits eine Nachhaltigkeitsstrategie. Sie orientiert sich an der Agenda 2030 der Vereinten Nationen. Derzeit wird die Strategie des Landes aktualisiert. Die Nachhaltigkeitsstrategie dient dem Regierungshandeln und zur Orientierung der Kommunen. Ein Nachhaltigkeitsbeirat unterstützt die Weiterentwicklung der Strategie. Über eine Nachhaltigkeitsplattform können sich zivilgesellschaftliche Akteure einbringen.

**Webseite der Nachhaltigkeitsplattform Brandenburg.**
Die Nachhaltigkeitsplattform Brandenburg vernetzt Initiativen und Akteure. Ihr Ziel ist es, nachhaltige Projekte und Anliegen in Kommunen, Wissenschaft, Wirtschaft und Land voranzubringen.

# KLIMAPOLITIK ALS KOMMUNALPOLITIK

Die Folgen des Klimawandels können vor Ort angegangen werden. Beteiligung, Akzeptanz und Teilhabe der Bürgerinnen und Bürger entstehen in den Kommunen. Bisher ist Klimapolitik eine freiwillige Selbstverwaltungsaufgabe und endet mit den finanziellen Möglichkeiten der Städte und Gemeinden. Als kommunale Pflichtaufgabe würde Klimapolitik in den Kommunen gestärkt. Festangestellte Klimaschutzmanager könnten die Kommunen bei Maßnahmen und Programmen sowie Kommunikation und Beteiligung der Menschen unterstützen.

# DAS BEISPIEL WUSTERMARK – KLIMASCHUTZKONZEPT, KLIMAMANAGER UND KLIMASCHUTZFONDS

Die Gemeinde Wustermark im Landkreis Havelland hat bereits seit 2014 ein Klimaschutzkonzept. Im Juli 2023 beschloss die Gemeindevertretung ein neues. Die Eckpunkte des neuen Klimaschutzkonzeptes der Gemeinde lauten: Wirtschaftlichkeit, Versorgungssicherheit und Klimaschutz. 37 konkrete Maßnahmen umfassen einfache Dinge wie stromsparende Straßenbeleuchtung, Weiterbildungen für Mitarbeiterinnen und Mitarbeiter, nachhaltige Beschaffung in der Verwaltung und Anschaffung zertifizierten Ökostroms. Zu den Maßnahmen gehören auch weitergehende Vorhaben wie die Begrünung von Dächern, der Ausbau erneuerbarer Energien sowie die Planung von Wärmeversorgung, Verkehr und Infrastruktur.

Bis 2040 will Wustermark klimaneutral sein. Die Gemeinde verspricht sich davon eine höhere Lebensqualität ihrer Bevölkerung. Seit 2021 gibt es eine feste Vollzeitstelle für einen Klimaschutzmanager, der Ansprechpartner zu Themen rund um den Klimaschutz und die Klimapolitik ist. Ein Klimafonds der Gemeinde fördert private Klima- und Umweltschutzprojekte wie beispielsweise Baumpflanzungen oder auch die Anschaffung von Photovoltaikanlagen.

In der Gemeindevertretung von Wustermark gibt es einen eigenen Ausschuss für Gemeindeentwicklung und Umwelt. Vor jedem Beschluss werden mögliche Auswirkungen auf Klima, Natur und Umwelt geprüft.

**Beteiligungs-Workshop und Exkursion,** Gemeinde Wustermark.
Mit einem Klimaschutzkonzept strebt Wustermark Klimaneutralität bis zum Jahr 2040 an. Dafür setzt die Gemeinde auf Transparenz, Teilhabe und Kommunikation. Zum Beteiligungsverfahren und zur Öffentlichkeitsarbeit gehören Workshops und Vor-Ort-Termine, in denen das Vorhaben erklärt und diskutiert wird.

**Die neue Grundschule in Elstal,** Gemeinde Wustermark.
Zur Klimapolitik in Wustermark gehören die Verwendung nachhaltiger Baustoffe und die Beachtung hoher Energieeffizienz bei Bauvorhaben. Die neue Grundschule im Ortsteil Elstal wird 2024 eröffnet und liefert Strom und Wärme größtenteils selbst. Ohnehin produziert die Gemeinde eineinhalbmal so viel Strom durch Windkraft und Photovoltaik, wie sie selbst verbraucht.

# DAS BEISPIEL WERDER (HAVEL) - KLIMA INITIATIVE

Die „Klima Initiative Werder“ umfasst Privatpersonen und Institutionen der Stadt im Landkreis Potsdam-Mittelmark. Zur Initiative gehören beispielsweise die Klimawerkstatt Werder, eine evangelische Kirchengemeinde, die Ortsgruppen des Naturschutzbundes und des Allgemeinen Deutschen Fahrradclubs. Die Initiative ist parteiunabhängig. Ihre Mitglieder bringen sich für eine klare Klimapolitik vor Ort ein. Das Ziel der Initiative ist eine lebenswerte und zukunftsfähige Stadt. Als Vorbild für andere Kommunen soll Werder (Havel) bereits im Jahr 2035 klimaneutral sein.

Die Initiative hat ein Bürgerbegehren gestartet, damit die Stadt rasch ein Planungsbüro mit der Ausarbeitung eines „Klimaaktionsplans“ beauftragt. Dieser Plan soll zeigen, wie Werder (Havel) bis 2035 klimaneutral werden kann. Zuerst müssen wenigstens 10 Prozent aller Wahlberechtigten der Stadt dieses Begehren unterstützen. Dann würde ein Bürgerentscheid folgen. Eine erfolgreiche Abstimmung könnte die Stadt verpflichten, ein Klimaschutzkonzept erarbeiten zu lassen.

**Unterschriftensammlung während des Brückenfestes,** Klima Initiative Werder.
Die „Klima Initiative Werder" informiert über die Folgen des Klimawandels vor Ort, zum Beispiel den Wassermangel im Großen Plessower See. Die Initiative wirbt für die Chancen kommunaler Klimapolitik, beispielsweise der Mobilitätswende hin zu einem attraktiven Fahrradverkehr.

# STADT, LAND, KLIMA

## BRANDENBURG KANN NACHHALTIG

## PRAXISBEISPIELE

Vivien Hartisch ist gebürtige Brandenburgerin und Studentin des Studienganges „Sustainability Science“ an der Leuphana Universität in Lüneburg. Sie schreibt ihre Masterarbeit im Rahmen der Nachhaltigkeitsplattform Brandenburg und hat die folgenden Praxisbeispiele auf ihre Nachhaltigkeit gecheckt.

Die rot markierten Projekte stellt diese Broschüre vor. Die blau markierten Projekte sind Teil unserer Webvideoreihe.
www.youtube.com/user/blzpb

# LYCHEN

## CAMPING UND NATUR

„Wenn etwas bei uns wächst, dann ist es die Natur.“

Marina Braatz (li.) hat den Campingplatz Rehberge am Wurlsee bei Lychen 2007 von ihrem Vater übernommen. Gemeinsam mit ihrer Ehefrau Linda Blacha betreibt sie den 15 Hektar großen Naturcampingpark. Beide haben schon in der Kindheit viel Zeit in der Natur verbracht. Sie schätzen die Natur als Ort der Erholung und als Energiequelle.

Nachhaltigkeit gewinnt im Bereich Tourismus zunehmend an Bedeutung. Eine wichtige Rolle spielen dabei der schonende Umgang mit der Natur und eine dauerhafte regionale Wertschöpfung. Ein Beispiel dafür ist der Naturcampingpark Rehberge bei Lychen.

Im Naturcampingpark Rehberge setzen Marina Braatz und Linda Blacha auf die Verbindung von Naturschutz und Nachhaltigkeit mit Urlaub und Erholung. Hierfür haben sie beispielsweise das oftmals übliche Verhältnis von Stellplätzen zu Grünflächen umgekehrt. Bäume, Hecken und Wiesen stehen hier nicht in Konkurrenz zu den Campinggästen, sondern gestalten den Platz. Auf 80 Prozent der Fläche des Campingplatzes ist die Natur Dauergast. Rezeption, Werkstatt, Sanitärgebäude und Stellplätze nehmen hingegen nur einen kleinen Teil der Fläche ein.

**Naturbegegnung und Nachhaltigkeit im Urlaub: Zum Naturcampingpark gehören die bewusste Wahl von Reinigungsmitteln, Druckerpapier, Öko-Strom, die sparsame Verwendung von Strom und Wasser, ein Elektroauto als Platzfahrzeug ebenso wie Abfallvermeidung und Mülltrennung sowie Kompostierung.**

**Nachhaltigkeit und Annehmlichkeit sind kein Widerspruch. Auch kleine Ferienhäuschen aus naturnahen Baustoffen mit eigener Küche und Toilette gehören zum Naturcampingpark.**

Der Campingplatz Rehberge umfasst auch ein Waldstück, eine Feuchtwiese und verschiedene Apfelbäume, die im Rahmen des Genressourcenprojekts „Alte Apfelsorten im Naturpark Uckermärkische Seen" gepflanzt wurden. Diese Vielfalt stärkt die Pflanzen- und Tierwelt gegenüber den Folgen des Klimawandels. Für den wirtschaftlichen Betrieb des Campingplatzes ist dieser Ansatz eine Herausforderung. Die relativ geringe Zahl von Dauercampern und Stellplätzen sowie der Verzicht auf Urlaubsgruppen führen zu geringeren Einnahmen, als sie bei einem Platz dieser Größe üblich wären.

Für Marina Braatz und Linda Blacha sind aber der Erhalt von und die Begegnung mit der Natur wichtiger. Damit verwirklichen sie eine Idee der amerikanischen Ökologin Joanna Macy, Natur nicht ausschließlich als Quelle von Rohstoffen zu verstehen, sondern sie achtsam zu behandeln. Zum Konzept des Naturcampingparks gehört auch, Abfall zu vermeiden. So können Gäste beispielsweise frische Lebensmittel und Konserven untereinander weitergeben.

Foto auf den Seiten 62/63: **Die Folgen des Klimawandels beobachten Marina Braatz und Linda Blacha auch vor Ort. In trockenen Sommern sinkt der Wasserspiegel des Wurlsees, das Leben im See verändert sich, den Kiefern sieht man Trockenheit und Befall mit Borkenkäfern an.**

# VIVIENS FAKTENCHECK

Der Naturcampingpark Rehberge bei Lychen setzt auf klimaschonenden Tourismus und den nachhaltigen Einsatz von Ressourcen. Dafür wurden frühere Stellplätze zu Naturflächen umgewandelt.
Der Campingpark setzt konsequent auf Mülltrennung und ökologische Verbrauchsmaterialien.

# GESPRÄCH MIT LINDA BLACHA

**Was sollten wir über Sie und den Natur-Campingpark wissen?**

Meine Ehefrau und ich sind in den 1980er Jahren im Osten Deutschlands geboren. Marina hat die Uckermark schon von Kindheit an geprägt, weil sie mit ihren Eltern schon immer hier war. Seit den 1990er Jahren war der Vater von Marina auch der Pächter vom Campingplatz, 2001 hat er den Platz gekauft. Marina haben die Natur und die Umgebung hier sehr geprägt in ihrer Haltung zum Naturschutz. Bei mir verhält es sich ein bisschen anders. Ich komme aus der Stadt – aus Karl-Marx-Stadt, Chemnitz. Aber bei mir war ein wesentlicher Einfluss, an den Wochenenden mit meinen Eltern in der Umgebung von Chemnitz durch die Wälder zu wandern. Dadurch hatte ich ein intensives Bewusstsein von Natur als Erholungsort und auch als Energiequelle.

Für Marina war es immer wichtig, nicht einen Campingplatz zu führen, der ausschließlich wirtschaftlich orientiert ist, also so viel wie möglich Umsatz und Gewinn macht. Sie wollte einen Campingplatz gestalten, auf dem ökologische Nischen entstehen, auf dem die Natur erlebbar wird. Das Wirtschaftliche ist bei uns daher nicht der Fokus. Der Fokus liegt mehr auf der Natur. Wir sehen uns weniger als Eigentümer, sondern eher als Hüter dieses Platzes. Und entsprechend haben wir viele Bäume, Hecken, verschiedene Sträucher, also viel Raum für Lebendigkeit.

Unser Campingplatz umfasst 15 Hektar. Wir legen den Schwerpunkt auf die Grünfläche. Bei uns sind das 12 Hektar, die unbebaut sind. Dadurch schaffen wir viel Platz für Natur, die selber wachsen kann, wo wir aber auch etwas einbringen. Wir haben beispielsweise Apfelbäume gepflanzt, eine große Blühwiese (Feuchtwiese) angelegt, die nur einmal im Jahr gemäht wird. Da läuft kein Menschen durch, es bleibt einfach so, wie es ist, ganz natürlich und ist dadurch Lebensraum für viele Pflanzen, Vögel und Insekten. Die natürliche Fülle zu fördern, das ist unser eigener Anspruch für unser Unternehmen. Diese seit der Kindheit gewachsene Einstellung können wir jetzt vor Ort umsetzen.

**Warum sind Ihnen Klimawandel und Naturschutz so wichtig?**

In der Kindheit schien es kein so großes Problem zu sein. Es gab zwar bedrohte Arten, aber der Mensch schien die Situation noch unter Kontrolle zu haben. Und jetzt ist an allen Ecken so eine Veränderung, so eine riesig krasse Umwälzung, dass es uns schon Sorgen bereitet. Uns stärkt aber, selbst tätig zu sein und auf dem eigenen Stück Land zu sehen, dass etwas weiterwächst. Bestimmte Baumarten wie die Kiefer werden wahrscheinlich nicht mehr lange durchhalten, weil sie die Hitze nicht so abkönnen. Aber dann gibt es Arten wie den Ahorn, für den ist es anscheinend nicht so dramatisch. Auch die Esskastanie scheint gut angepasst zu sein. Das zu sehen, tröstet auf alle Fälle und gibt auch Hoffnung für zukünftige Generationen.

**Woran erkennen Sie den Klimawandel vor Ort?**

Man sieht es am Wurlsee selbst. Marina sagt, früher waren viel mehr Krebse und andere Fische im See, auch mehr Schilf an einigen Uferstellen. Man merkt, mit der Trockenheit geht der Wasserspiegel immer runter im Sommer. Da sieht man den Klimawandel: Das Leben im See hat sich verändert. Richtig extrem ist es bei den Seen in unserer Region, die ausschließlich durch Regenwasser gespeist werden.

Wir haben in unserer Region den Dreetzsee. Man sieht jedes Jahr, dass dort Wasser weggeht. Das Ufer wird immer größer und der See wird immer kleiner. Wenn der Regen weniger wird, kann sich der See nicht mehr natürlich auffüllen und irgendwann ist er dann halt weg. Das nimmt einen schon mit. Auch bei den Kiefern sieht man die Trockenheit. Der Borkenkäfer kommt, dann müssen immer Bäume rausgenommen werden. Bei uns auf dem Platz sieht man es erstaunlich wenig, weil wir viel unterschiedliche Vegetation haben. Förster wie Peter Wohlleben haben festgestellt, ein guter Verbund an Pflanzen kann den Klimawandel relativ gut aushalten und wenigstens teilweise wechselseitig ausgleichen.

**Was zeichnet Ihren Natur-Campingpark im Vergleich zu anderen Campingplätzen aus?**

Es ist das Verhältnis von Mensch zu Natur, von Bebauung zu Natur. Also, wieviel Naturfläche mit Tieren und Pflanzen man bewahrt. Entscheidend ist das Erlebnis, umgeben von natürlicher Vielfalt zu sein. Für uns ist ganz wichtig, dass unsere Gäste nicht gleich an die anderen Menschen ranprallen, sondern Raum für sich haben.

Wenig Versiegelung: Mehr als zwei Drittel unseres Platzes sind Grünfläche, weniger als ein Drittel ist versiegelt oder bebaut. Wir haben auch keine asphaltierten Wege. Wenig Beleuchtung: Hier in Brandenburg, weil es so dünn besiedelt ist, ist noch eine der wenigen Ecken, wo man wirklich sehr viele Sternbilder sehen kann. Wir haben beispielsweise einen Tisch für Food-Sharing, da können Lebensmittel hingestellt und geteilt werden, die noch gut sind. Und dann haben wir Mülltrennung: Glas, Papier, Gelber Sack und Restmüll und die Komposthaufen. Natürlich ist da auch der Anspruch, ökologische Produkte zu verwenden: Badreiniger, Druckerpapier, Ökostrom und ein Elektroauto.

**Auch Sie müssen Ihren Campingplatz rentabel bewirtschaften, oder?**

Ja, das stimmt. Wir müssen es so gestalten, dass es wirtschaftlich bleibt und dem eigenen Ziel dient. Und das kann man schaffen. Heute wird der eigentliche Wert der Natur wieder mehr wahrgenommen. Und Camping erlebt eine Renaissance, die Wiederentdeckung der Natur und des Minimalistischen. Dadurch können wir unser Unternehmen so ausrichten. Als Marinas Vater das Land noch gepachtet hatte, gab es viel mehr Dauercamper, weil man es wirtschaftlich nicht anders kalkulieren konnte. Und Marinas Vater hat eine große Zahl von Gruppen angenommen, was wir nicht mehr machen. Wir wollen mehr Ruhe und Naturbegegnung, dass man hier wirklich runterfahren und ankommen kann. Die Philosophin Joanna Macy hat den Gedanken formuliert, das Verhältnis zwischen Mensch und Natur neu zu denken. Ihr Fazit lautet, die Natur nicht mehr bloß als Quelle von Rohstoffen zu sehen, sondern der Natur mit mehr Liebe und Fürsorge zu begegnen. Für uns und unseren Campingplatz ist das eine wichtige Haltung.

# BAEK

## BILDUNG FÜR NACHHALTIGE ENTWICKLUNG

„Für uns ist die Erziehung für eine friedvolle Welt die wichtigste Aufgabe.

Jana Reiche kommt aus Lieberose im Spreewald. Sie möchte durch die Arbeit mit Kindern Gesellschaft mitgestalten. Nach dem Studium in Potsdam und dem Montessori-Diplom leitet sie seit 2001 die Freie Schule Baek in der Prignitz.

Bildung für nachhaltige Entwicklung (BNE) ist Bestandteil und gleichzeitig Wegbereiterin der 17 Nachhaltigkeitsziele der Vereinten Nationen. Sie beschäftigt sich mit den unterschiedlichen Aspekten und der Umsetzung von Nachhaltigkeit. Dabei entwickelt BNE Möglichkeiten, in einer nachhaltigen und gerechten Welt leben zu können.

Der Verein Landweg e. V. ist ein Vorreiter der BNE. Bereits 1999 starteten Eltern die Initiative in der Prignitz, zwei Jahre später gründeten sie den Verein als Träger eines Kindergartens und einer freien Grundschule. Damals war die Verknüpfung von Montessori-Pädagogik und BNE ein Novum. Anfangs fehlten dem Projekt Geld, Personal und ein Ort. Eine private Stiftung finanzierte die ersten beiden Schuljahre. In der Ortschaft Baek – zwischen Perleberg und Pritzwalk – bezogen der Kindergarten und die Schule ein leerstehendes Schulgebäude.

**Zum Konzept der Freien Schule Baek gehören eine vorbereitete und thematisch gestaltete Lernumgebung, frei zugängliche Montessori-Materialien, das gemeinsame Arbeiten in Gruppen und die Möglichkeit zum individuellen Lernen.**

**Zwei Jahrzehnte nach Gründung und Genehmigung seiner Freien Schule und seines Kinderhauses wurde der Verein Landweg e. V. im Mai 2022 mit dem Nationalen Preis Bildung für nachhaltige Entwicklung der Deutschen UNESCO-Kommission und des Bundesministeriums für Bildung und Forschung ausgezeichnet.**

Der ländliche Raum der Prignitz bot dem Vorhaben das nötige Umfeld. Zugleich profitiert die Region von dem Bildungsangebot. Junge Familien und Kinder werden dadurch in der Region gehalten, andere ziehen dafür eigens in die Prignitz. Kindergarten und Schule sind Begegnungsraum und Kommunikationsort der regionalen Jugend-, Kultur- und Umweltarbeit.

Zum Leitgedanken der Schule gehört, dass sich Bildung aus Allgemeinbildung und Vergleichbarkeit, aber vor allem aus eigenen Interessen und sozialen Kompetenzen zusammensetzt. Ziel des Lernortes ist es, Kinder zu selbstbestimmten und zukunftsorientierten Verhaltensweisen zu befähigen, um den sozialen, solidarischen und ökologischen Wandel mitzugestalten. Zur Umsetzung ganzheitlicher Nachhaltigkeit gehören die Gestaltung des Schulgeländes, das Schulessen aus frischen, regionalen Lebensmitteln, Müllvermeidung, ökologische Lösungen für Verbrauchsmaterialien und Bauvorhaben sowie der Ansatz, mit alten, funktionierenden Einrichtungen zu arbeiten – es muss nicht alles neu sein.

Der Verein Landweg e. V. versteht sich als Teil der Region. Am Tag der offenen Tür findet ein „Kindersachen-Basar" mit gebrauchter Kleidung und Spielsachen statt, der über den eigenen Ort hinaus bekannt ist. In örtlichen Betrieben lernen die Schülerinnen und Schüler Kreisläufe der regionalen Landwirtschaft kennen.

Vögel!
1000 VÖGEL

Foto auf den Seiten 76/77: **Die Schultage beginnen ab 8 Uhr mit der Freiarbeit, am Montagmorgen mit einer Erzählrunde. Ab 10 Uhr folgen thematische Angebote. Zwischen 14 Uhr und 15 Uhr enden die Schultage. Die Pädagoginnen und Pädagogen der Freien Schule Baek verstehen sich als Begleitung ihrer etwa 50 Schülerinnen und Schüler sowie deren Familien.**

# VIVIENS FAKTENCHECK

Die Freie Schule in Baek setzt auf ganzheitliche nachhaltige Bildung, angefangen vom Umfeld des Schulgebäudes bis hin zu den Unterrichtsinhalten. Die Kinder lernen hier, eine soziale und ökologische Gesellschaft mitzugestalten. Zum Konzept der Schule in der Prignitz gehören Partnerschaften vor Ort und über die Region hinaus.

4 HOCHWERTIGE BILDUNG

11 NACHHALTIGE STÄDTE UND GEMEINDEN

13 MASSNAHMEN ZUM KLIMASCHUTZ

# GESPRÄCH MIT JANA REICHE

**Wie entstand die Idee zur Freien Schule Baek?**

Ich liebe die Arbeit mit Kindern, Kinder haben so witzige und kreative Ideen. Ich studierte Lehramt in Frankfurt (Oder), später in Potsdam Germanistik und Sozialpädagogik. Während meines Studiums zog ich mit meinem Mann nach Nordbrandenburg, er wollte aufs Land. Wir bekamen einen Sohn, bauten einen Resthof aus, hatten viele Tiere, einen Selbstversorgerhof, betreuten Jugendliche und planten gemeinsam mit anderen Menschen der Region den Aufbau eines soziokulturellen Zentrums. Durch mein erstes Kind, andere folgten, erhielt der Zugang zu einer Bildungseinrichtung für mich persönlich eine andere Aktualität. So entwickelte sich 1999 eine Elterninitiative zur Gründung einer reformpädagogischen Schule mit dem Schwerpunkt der Bildung für nachhaltige Entwicklung.

Schule bildet ja immer gesellschaftliche Notwendigkeiten ab. 2001 gründeten wir den Trägerverein Landweg e. V. und damit den Kindergarten und die Freie Schule Baek. Die Gemeinde stellte eine leerstehende Schule zur Verfügung, somit hatten wir die Räume, aber keine Finanzierung. Glücklicherweise unterstützte die Robert-Bosch-Stiftung zu dieser Zeit Schulentwicklung im ländlichen Raum und so konnten wir im Februar 2001 mit dem Kindergarten starten. Im August begann ich als jüngste Schulleiterin Brandenburgs mit sechs Kindern in der Schule. Mein Sohn war dabei.

**Was heißt das überhaupt: Freie Schule?**

Unsere Schule ist in freier Trägerschaft organisiert, in unserem Fall ein Verein. Freie Trägerschaft bedeutet, bei uns wird Schulgeld gezahlt, durchschnittlich etwa 75 Euro pro Monat. Zur Gründungsidee der Schule in Baek gehört, dass wir ein konkretes pädagogisches Konzept umsetzen. In unserem Fall ist das die Bildung für nachhaltige Entwicklung unter den Leitlinien der Montessori-Pädagogik. Die Besonderheit ist, dass den Kindern in einer ganzheitlichen Lernkultur individuelle Lernzugänge ermöglicht werden. Wir sind leistungs-

PETROL

begeistert und brauchen trotzdem keine Noten, es gibt Standards und klare Lernziele, aber trotzdem einen hohen Anteil Freiarbeit. In der Freiarbeitszeit begreifen Kinder über individuelle und projektorientierte Forschungsangebote sowie mittels der Montessori-Materialien komplexe Inhalte.

Es gelingt so gut, weil unsere Lehrkräfte zwar verschiedene Kompetenzen und Leidenschaften haben, sich aber als ein Team verstehen. Gemeinsam unterstützen wir die Kinder auf ihren Lernwegen. Die ästhetischen Fächer Sport, Kunst und Musik unterrichten Fachleute aus den jeweiligen Professionen. Außerdem haben wir viele Kooperationspartner und -partnerinnen, aktuell gibt es die Medien-AG, Chor und Akrobatik. Unsere Kinder lernen auch am Alltagshandeln, zum Beispiel indem sie sich in der Schulküche an der Zubereitung der Vollwertkost beteiligen, der Hausmeisterin helfen oder für die Schülerfirma WeggefährtIN das nächste Projekt planen. Außerdem sind die Familien für uns Teil der gemeinsamen Lernprozesse.

Unsere Schülerschaft bildet die ländliche Gesellschaft ab, viele Einheimische, auch Zugezogene, leider wenig andere Kulturkreise. Und wenn ich verfolge, was aus unseren bisherigen Schülerinnen und Schülern geworden ist, dann sind das oftmals sehr aktive, hochmotivierte, junge Menschen, die eigene Schwerpunkte setzen, mutig agieren und keine Angst vor Fehlern haben. Es sind Menschen, die teamfähig und kreativ sind. Die bewegen richtig was in der Gesellschaft!

**Welche Ziele verfolgt die Freie Schule?**

Zentraler Punkt der Montessori-Pädagogik ist es, Erziehung und Bildung unter dem Aspekt ökologischer Umweltgestaltung und nachhaltiger Entwicklung zu fördern. Unser Kindergarten- und Schulgelände mit Schulgebäude, Turnhalle und Kunstatelier liegt mitten in der Ortschaft Baek. Wir leben Werte, eine bestimmte Grundhaltung und kommunizieren sie. Wir sind mit den Menschen vor Ort im Gespräch und helfen uns gegenseitig. Bei der Gestaltung des Schulgeländes orientieren wir uns an Nachhaltigkeitskriterien, übrigens oft mit Unterstützung der Gemeinde.

Dabei muss nicht immer alles neu sein. Wenn vorhandene Dinge gut funktionieren, können die auch bleiben. Diese Haltung passt in den ländlichen Raum. Durch Vorleben vermitteln wir Wissen, Methoden und Werte, die es den Kindern ermöglichen, den Wandel zu einer sozialen, solidarischen und ökologischen Gesellschaft mitzugestalten. Frieden ist nicht das Gegenteil von Krieg, sondern eine sittliche Kategorie, so sagt es Maria Montessori. Sozialer Fortschritt liegt darin, dass die nächste Generation stärker sein wird als wir und die Entdeckungen von morgen verantwortlich gestaltet.

**Kommen Themen wie Klima und Klimawandel in Ihrer Arbeit vor?**

Durch erfahrungspraktisches Lernen und gesellschaftspolitische Diskussionen wollen wir den Kindern zukunftsorientiertes Handeln ermöglichen. Somit sind Themen wie Klima und Klimawandel Teil unseres Unterrichtsangebotes. Kinder lernen zum Beispiel schon sehr früh die Klimazonen kennen, erfahren von den Bedingungen, die auf verschiedenen Breitengraden herrschen und so Flora und Fauna beeinflussen, auch das Leben der Menschen. „Völker der Welt" ist bei uns ein Kindergarten-Thema. Wir begreifen die Welt mit allen Sinnen. So interessieren sich Kinder auch schon sehr früh für Veränderungen und Bewegungen.

Es geht darum, Kinder nicht zu früh mit Ängsten zu konfrontieren, sondern die kleinen und großen Kreisläufe, globale Zusammenhänge kindgerecht, aber faktenbasiert aufzubereiten, den Kindern vor allem sinnliche und individuelle Zugänge zu ermöglichen. So haben wir zum Beispiel ein Modell einer Wasserlandschaft im Außenraum, was die Kinder pflegen und wo sie sehr konkret sehen können, was da wächst oder nicht, wenn es kein Wasser gibt. Kinder haben ein Recht darauf, ihre Zukunft aktiv mitzugestalten. Dazu brauchen sie Halt, Zugänge und Freiräume, so sehen wir das!

Landweg
Kindergarten
und Schule

# WOLTERSDORF

## NEUE KLEIDUNG AUS ALTEN STOFFEN

**„Ich mache schöne Sachen, die man nicht nur anziehen kann, sondern mit denen man auch einen Beitrag zum Umweltschutz leistet.**

Jana Pfarr verbrachte ihre Kindheit in Berlin, dort hat sie auch Bekleidungsgestaltung studiert. Als Kind bekam sie eine Nähmaschine geschenkt, seitdem begeistert sie sich fürs Nähen. Aus ihrem Wohnzimmer in Schöneiche heraus hat Jana Pfarr 2021 ihr Modelabel BEAUTY OAK gegründet.

Jedes Jahr landen in Europa mehr als 5,8 Millionen Tonnen Textilien im Müll. In Deutschland werden alle fünf Minuten mehr als 9.000 Kleidungsstücke weggeworfen. Beim textilen „Upcycling“ werden gebrauchte Stoffe und alte Kleidungsstücke zu neuen Sachen verarbeitet.

Auch Jana Pfarr gibt vermeintlichem Textilmüll mit ihrem Modelabel BEAUTY OAK eine neue Chance. Für die Designerin liegt der besondere Reiz bei der Arbeit mit gebrauchten Stoffen in den vorgegebenen Maßen, Farben und Zuständen. Aus einem alten Vorhangstoff entsteht beispielsweise ein neuer Rock. Mit ihrem Modelabel verbindet Jana Pfarr nachhaltiges Design, textile Kreislaufwirtschaft und bewussten Konsum ebenso wie Wertschätzung für das Schneiderhandwerk. Bei der Verwertung der Stoffe bleibt Jana Pfarr konsequent. Auch Reste vom Zuschnitt werden verarbeitet, beispielsweise zu Ansteckknöpfen, Haargummis und Kissenfüllungen. Das Projekt ist ein Gegenmodell zur weitverbreiteten schnelllebigen Mode, der sogenannten Fast Fashion.

**Die Designerin verwendet Materialien aus privaten Kleiderspenden und vom Textilhafen der Berliner Stadtmission. Etwa 11 Tonnen gespendete Kleidung gehen pro Woche in der Sortierstation der Berliner Stadtmission ein. Bestimmte Materialien und Farben kann man vorbestellen. Bezahlt wird nach Kilo-Preisen. Die Einnahmen finanzieren soziale Projekte wie Kleiderkammern für Obdachlose.**

**Auch Stoffreste, die beim Zuschnitt entstehen, werden genutzt, zum Beispiel als Material für Verzierungen an Kleidungsstücken, für kleine Accessoires wie Haargummis sowie Heimtextilien. Damit reduziert Jana Pfarr den Abfall auf fast null.**

Jana Pfarr macht alltagstaugliche Lieblingsstücke. Die Designerin produziert keine großen Serien fürs Lager, sondern hochwertige Einzelstücke und individuelle Anfertigungen nach Bedarf. Ihre Kundschaft ist überwiegend weiblich und reicht im Alter von Ende 20 bis über 80 Jahre.

Nachhaltigkeit versteht Jana Pfarr auch so: Sie möchte Design und Nähen als Handwerk sichtbar machen. Dafür sucht sie den persönlichen Kontakt mit ihren Kundinnen und Kunden, bietet einen Reparaturservice für beschädigte Kleidung und auch Workshops zum textilen Upcycling und Nähkurse an. Ob Kleidertausch samt Modenschau oder Adventsmarkt, Jana Pfarr trägt das Thema Nachhaltigkeit bei Mode und Konsum in die Öffentlichkeit von Woltersdorf und darüber hinaus.

Die Kollektion von BEAUTY OAK umfasst Bekleidung, Accessoires und Heimtextilien wie Tischservietten, Kissenbezüge und Spülschwämme. Bis zu drei Arbeitstage stecken in einem Teil. Die Kundschaft von Jana Pfarr schätzt die Einzigartigkeit der Kleidungsstücke und die Wiederverwendung alter Stoffe. Die Produkte reichen von Stoff-Buttons für 6 Euro bis zur Winterjacke für 360 Euro.

I made your clothes

Jana
NYC
PFAFF
1181

Foto auf den Seiten 90/91: **In ihrem Atelier in Woltersdorf mit Workshop- und Ladenfläche fertigt Jana Pfarr aus gebrauchten und neuen, bio-zertifizierten Stoffen einzigartige Mode. Das Konzept, alte Dinge aufzuarbeiten und einer neuen Verwendung zuzuführen – also Upcycling –, spiegeln auch Mobiliar und Inneneinrichtung wider.**

# VIVIENS FAKTENCHECK

**BEAUTY OAK verarbeitet alte aussortierte Stoffe zu neuer Mode. Das Projekt im Landkreis Oder-Spree hilft, Abfall zu vermeiden. Es hat bisher einen Arbeitsplatz geschaffen. Durch Kooperationen und Workshops gestaltet es die lokale und regionale Wirtschaft und Gesellschaft aktiv mit.**

8 MENSCHENWÜRDIGE ARBEIT UND WIRT-SCHAFTSWACHSTUM

12 NACHHALTIGE/R KONSUM UND PRODUKTION

17 PARTNERSCHAFTEN ZUR ERREICHUNG DER ZIELE

# GESPRÄCH MIT JANA PFARR

**Sie leben und arbeiten in Brandenburg, an der Grenze zu Berlin?**

Ja – Schöneiche, Friedrichshagen, Woltersdorf, das ist seit fast 25 Jahren meine Nachbarschaft. Wohnqualität und Lebensqualität, die Natur, die Wälder, die Seen hier – das mag ich sehr. Es ist eine spannende Region mit irre viel Potenzial, beispielsweise hinsichtlich Vernetzung. Das ist wahrscheinlich ein grundsätzliches Thema im ländlichen Raum. Ich kenne genau eine weitere Upcycling-Designerin in Brandenburg, in der Nähe der Märkischen Schweiz. Ich fände es super, wenn sich ein kleines Netzwerk aus Designerinnen und Designern bildet, die nachhaltige Mode machen. Gemeinsam kann man viel mehr bewegen, als eine Person alleine.

Die Faszination fürs Nähen stammt aus meiner Kindheit und hat mich durch meine Jugendjahre begleitet. Für mich war klar, nach meinem Abitur an einer Hochschule in Berlin zu studieren und das zu meinem Beruf zu machen. Ich habe dann Bekleidungsgestaltung studiert, zwei Monate nach dem Diplom bin ich Mama geworden und war zunächst im Erziehungsurlaub. Dann habe ich einen anderen Beruf angefangen. Nach mehr als zwölf Jahren habe ich festgestellt, dass mir das Kreative, das Handwerkliche sehr fehlte. Während der Corona-Pandemie kam ich zu der Erkenntnis, mich mit meiner beruflichen Anstellung in einer vermeintlichen Sicherheit zu wiegen, die es tatsächlich gar nicht gibt. Ich habe dann meinen Job an den Nagel gehängt, mich selbstständig gemacht und mir meinen Traum vom eigenen Modelabel erfüllt.

Es war für mich sehr wichtig, dass es nachhaltig sein sollte. Ich kam viel mit dem Thema Upcycling in Berührung. Als Künstlerin kann ich jede Idee relativ frei umsetzen, mir steht heutzutage beinahe jedes Material zur Verfügung. Wenn ich aber mit gebrauchten Stoffen arbeite oder mit vermeintlichem Textilmüll, habe ich schon eine gewisse Vorgabe: Wie viel Material habe ich zur Verfügung? Was hat es für Trageeigenschaften? Was hat es für eine Farbe, was für ein Muster? In diesen Vorgaben liegt für mich der Reiz, so eine Art Herausforderung.

**Sind die Themen Klimawandel und Nachhaltigkeit etwas, was Sie immer schon interessiert hat?**

Mein Interesse dafür ist auf jeden Fall kein Zufall und hat sich über die Jahre entwickelt. Ich bin sehr naturverbunden aufgewachsen. Durch die Corona-Pandemie ist es dann nochmal verstärkt worden. Irgendwie hat die Pandemie jeden betroffen und mir den Denkanstoß gegeben, sich mit diesen Themen auseinanderzusetzen. Klimakrise und Nachhaltigkeit gehören ja zusammen. Das ist auch ein Motor, der mich in meiner Arbeit bestärkt. Ich mache nicht nur schöne Sachen, die man anziehen kann, in denen man gut aussieht – sondern mit denen man auch einen Beitrag zum Umweltschutz leistet, so dass man konsumieren kann, ohne von der Ausbeutung anderer Menschen oder auf Kosten der Umwelt zu leben.

**Wie sieht Ihre Arbeit konkret aus?**

Ich habe die Idee für ein Produkt und schaue mich anschließend nach Material um. Oder ich erhalte Material und dann kommt mir eine Idee, was ich daraus machen könnte. Dann folgt die Schnitterstellung, das Material wird zugeschnitten, verarbeitet und landet anschließend in meinem Laden. Ich möchte möglichst nicht viel im Voraus produzieren, was ich dann vielleicht gar nicht verkaufe, was nur rumhängt. Sondern ich lege die Produktion sehr bedürfnisorientiert an. Ich biete auch einen Reparaturservice an, so dass Kunden direkt hierherkommen und sagen: Ich habe einen Pullover oder ein Sakko von irgendwann und trage das total gerne. Können Sie das reparieren oder können Sie das nachproduzieren?

Ich gebe auch Workshops zum Thema Upcycling. Für Nähkurse denke ich mir ein kleines Projekt aus, was man in zwei bis drei Stunden realisieren kann. Die Leute kommen in mein Ladenatelier, können auch ihre eigenen Materialien mitbringen. Sie bekommen eine Schritt-für-Schritt-Anleitung hin zum fertigen Produkt. Mein Ziel ist, dass Sie etwas mit nach Hause nehmen können, was Sie selber angefertigt haben und mit Stolz in den Händen halten, so dass bei ihnen auch ein neuer Bezug zum Nähhandwerk entsteht.

Es ist mir ein Anliegen, das Handwerk wieder sichtbar zu machen und mit mehr Wertschätzung in das Bewusstsein der Menschen zurückzubringen. Während der Corona-Pandemie haben sich viele Menschen besonnen, das kann ich alleine zu Hause anstellen und es müssen nicht immer neue Stoffe sein. Es liegt viel Material zu Hause rum, sei es ein altes T-Shirt, eine alte Jeans oder ein alter Wollpullover. Das kann man zerschneiden und als Ressource verwenden, um daraus etwas Neues zu machen.

**Was sind das für Leute, die sich für Ihre Produkte und Kurse interessieren?**

Beim Alter variiert es von 10 bis 80 Jahre. Es sind überwiegend weibliche Personen. Das Einzugsgebiet geht bis Berlin. Und natürlich kommen auch Personen direkt hier aus Woltersdorf. Im Frühjahr 2023 habe ich gemeinsam mit einem Kulturverein eine Kleidertauschveranstaltung in Woltersdorf organisiert, wo ich zum Abschluss eine Modenschau veranstaltet habe.

Es kommen auch Leute in meinen Laden rein, die gehen über vor Staunen, weil sie die Idee und die Umsetzung so toll finden. Das ist eine super Bestätigung, wenn ich Menschen mit meiner Arbeit glücklich mache, weil ich ihnen eine Alternative zur Mode von der Stange bieten kann, die ihnen eben wirklich steht und passt. In dem einen Jahr, seitdem ich hier bin, hat sich schon ein bisschen was getan. Beispielsweise, dass die Leute auf Empfehlung zu mir kommen oder meinen, sie hätten davon gehört, dass es mich gibt und googeln, was ist das hier eigentlich.

Als Designerin würde ich meine Sachen als eine Art von zeitloser und bequemer Alltagsmode beschreiben. Mein Anliegen ist, dass meine Kleidung die Persönlichkeit oder die individuelle Schönheit der tragenden Person unterstreicht, indem sie sich darin wohlfühlt und diese Energie dann nach außen strahlt.

# UCKERLAND

## ENERGIE- UND MOBILITÄTSWENDE

„Das sehe ich als Hauptaufgabe: Dass man betont, welchen Wert der ländliche Raum hat."

Matthias Schilling zog 1990 mit seiner Familie nach Milow, einem Ortsteil in der Gemeinde Uckerland. Ein Teil seiner Familie stammt aus der Region. Schilling ist SPD-Mitglied und seit 2016 Bürgermeister der Gemeinde Uckerland.

Eine Studie der Bertelsmann Stiftung stellte im Sommer 2023 fest: Viele Kommunen möchten beim Thema Nachhaltigkeit gerne mehr erreichen. Bund und Länder müssten die Kommunen unterstützen. Vor allem bei der Energiewende (Strom- und Wärmewende), aber beispielsweise auch bei der Mobilitätswende.

Energie- und Mobilitätswende gehören auch im Landkreis Uckermark zu den großen Herausforderungen. In der Gemeinde Uckerland, der nördlichsten Gemeinde in Brandenburg, ist die Situation besonders schwierig. Die Gemeinde mit elf verstreuten Ortsteilen umfasst 167 Quadratkilometer und 2.500 Einwohner. Der Bus ist das einzige öffentliche Nahverkehrsangebot in der Gemeinde. Manche Orte fährt er nur zweimal am Tag an, manche Orte gar nicht. Zugleich ist die Region durch den großflächigen Ausbau von Windkraftanlagen geprägt. Weite Felder und eine geringe Besiedlungsdichte machen die Uckermark attraktiv für Windkraftanlagen.

**Der Mitfahrdienst „Mit uns mobil" ist eine Idee von Ehrenamtlichen. Strom aus örtlichen Windkraftanlagen treibt das MUM-Auto an. Ein Verein trägt die laufenden Betriebskosten des Elektroautos. Das örtliche Pfarramt stellt Unterstand und Ladestation. Das Folgeprojekt mit einem neuen Auto fördert das Land Brandenburg mit etwa 58.000 Euro.**

**Ehrenamtliche organisieren die Fahrtermine und bringen sich als Fahrer des MUM-Autos ein. Der Bürgermeister und die Gemeinde unterstützen das Mitfahr-Projekt, denn es fördert die Akzeptanz von Elektromobilität und Windkraftanlagen. Das Vorhaben stärkt auch Aspekte sozialer Nachhaltigkeit wie Mobilität und Wertschätzung gegenüber Ehrenamtlichen.**

In der Gemeinde Uckerland sind 9 Prozent der Fläche sogenanntes Windeignungsgebiet. Mehr als einhundert Windkraftanlagen stehen vor Ort, allesamt in privater Hand. Mehr als 125.000 Haushalte können mit dem in Uckerland produzierten Strom versorgt werden. An der Wertschöpfung sind Gemeinde und örtliche Bevölkerung jedoch nicht unbedingt beteiligt.

Unterdessen sucht die Gemeinde Uckerland neue Wege, um die Mobilität ihrer Einwohnerinnen und Einwohner sicherzustellen und sie von den örtlichen Windkraftanlagen profitieren zu lassen. Wertschöpfung und Wertschätzung sollen für Nachteile wie die Veränderung des Landschaftsbildes und Lärmgeräusche entschädigen. Die Idee dahinter lautet: „Wer ertragen muss, muss auch Ertrag haben."



Mobil zu sein, ist für die Menschen in der dünnbesiedelten, weitläufigen Gemeinde von besonderer Bedeutung – um kommunale Dienstleistungen wie Verwaltung, Kindergarten und Schule zu erreichen, um zum Arzt, zum Einkaufen oder zum Sportverein und zur Musikschule zu kommen. Ehrenamtliche organisieren deshalb einen Mitfahrdienst mit einem Elektroauto. Örtliche Windkraftanlagen produzieren den Strom, mit dem das Auto betrieben wird.

Foto auf den Seiten 104/105: **Durch den Windspitzenwärmespeicher im Ort Nechlin ist die Gemeinde Uckerland an der Wertschöpfung örtlicher Windkraftanlagen beteiligt. In Spitzenzeiten speisen Windkraftanlagen hier überschüssige Energie (Abregelstrom) ein, die die Bevölkerung später als Wärme zu günstigen Preisen erhält. Bis zu 2.000 Euro im Jahr kann ein Familienhaushalt dadurch sparen.**

# VIVIENS FAKTENCHECK

Das Projekt in der nördlichen Uckermark fördert die Mobilität in einer Randregion und ist klimaschonend, da es auf Elektroautos und erneuerbare Energien setzt. Es ist ein Beispiel für Partnerschaften von Zivilgesellschaft, örtlicher Verwaltung und dem Land Brandenburg.

7 BEZAHLBARE UND SAUBERE ENERGIE

11 NACHHALTIGE STÄDTE UND GEMEINDEN

17 PARTNERSCHAFTEN ZUR ERREICHUNG DER ZIELE

# GESPRÄCH MIT MATTHIAS SCHILLING

**Was verbindet Sie persönlich mit der Uckermark?**

Ich bin in Berlin geboren, meine Familie kommt aber aus der Uckermark. Ich bin 1990 mit meiner Familie wieder nach Milow gezogen, einem kleinen Ortsteil der Gemeinde Uckerland. Seit 2016 darf ich hier hauptamtlicher Bürgermeister sein. Wir sind eine Gemeinde am nördlichen Rand von Brandenburg mit vielen Problemen. Die demografische Situation in der Region ist sehr schwierig. Die Gemeinde Uckerland ist eine Flächengemeinde, 169 Quadratkilometer mit 16 Einwohnern pro Quadratkilometer. Das ist laut Definition der Vereinten Nationen unbesiedeltes Land. Wir haben elf Ortsteile in der Gemeinde. Die sind alle relativ weit voneinander entfernt, mit Einwohnerzahlen zwischen 100 und 300 Einwohnern.

Die Aufgaben in der Gemeinde sind relativ gleichmäßig verteilt. In einem Ortsteil ist die Schule, im nächsten der Kindergarten, im nächsten die Verwaltung. Wir leben im Dreieck der Kleinstädte Pasewalk, Prenzlau und Strasburg. Das ist unser „Bürgerliches Dreieck“ und dort sind ärztliche Versorgung, Einkaufsmöglichkeiten, weiterführende Schulen. Das heißt, unsere Bürgerinnen und Bürger brauchen eine hohe Mobilität, um diese ganzen Dinge zu erreichen. Aber in manchen Orten fährt der Öffentliche Personennahverkehr gar nicht, in anderen Ort hält der Bus ein- oder zweimal am Tag. Und nicht zuletzt: Die Finanzausstattung ist entscheidend für die Kommunen. Und die ist im ländlichen Raum eben sehr eng bemessen, weil sie einwohnerbezogen berechnet wird. Es gibt keinen Flächenfaktor, keinen Klimafaktor. Wenn man es zuspitzt, wird letztendlich die Wertschöpfung der Wirtschaft hier vor Ort abtransportiert.

**Wie gestaltet sich die Wirtschaftsstruktur bei Ihnen vor Ort?**

In den letzten Jahrhunderten wurde der Wald hier so weggenommen, dass im Prinzip riesige Felder verblieben sind. Die Wirtschaftsstruktur prägen heute zwei Säulen: die Landwirtschaft und die Energiewirtschaft. Die Landwirtschaft

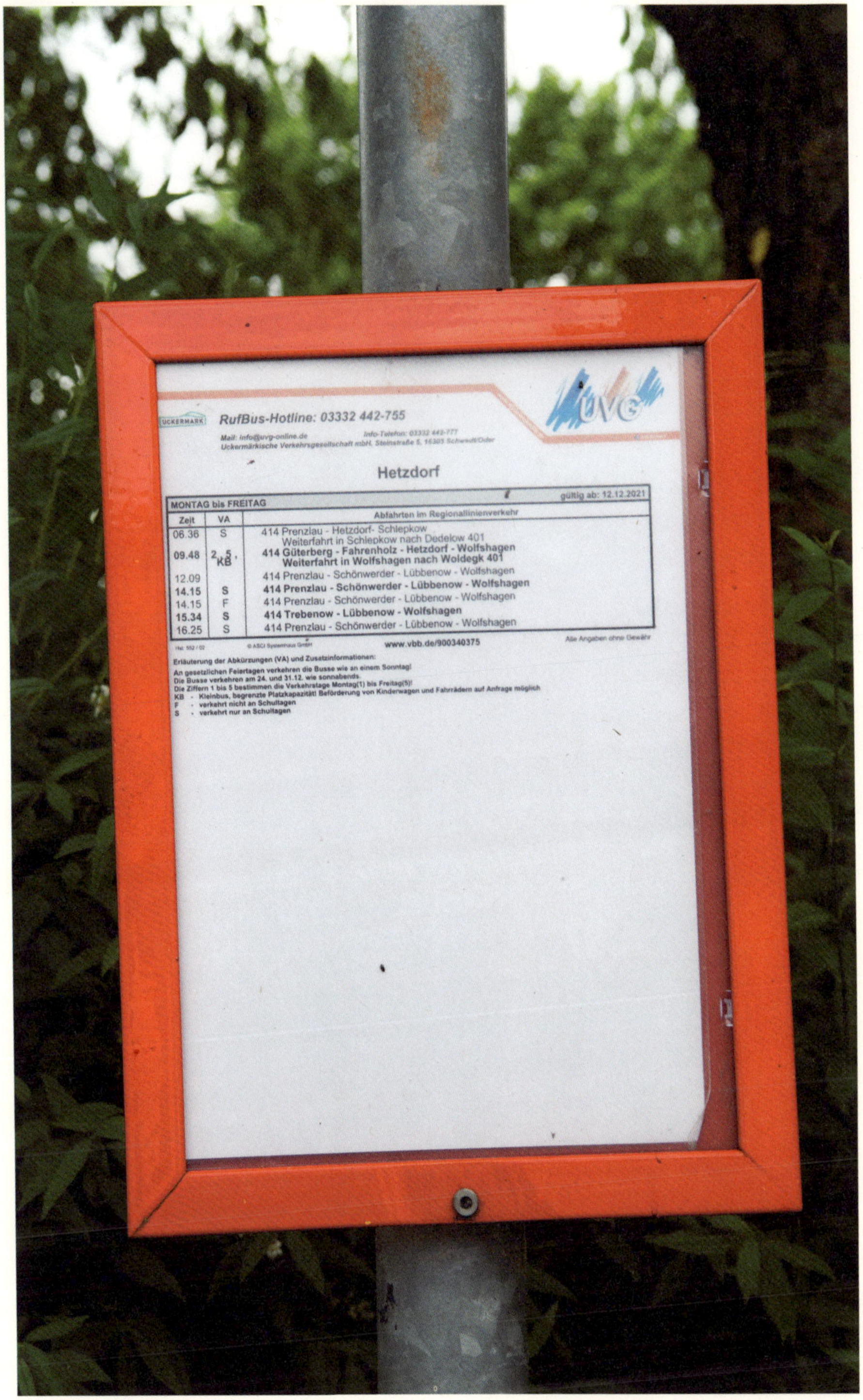
UCKERMARK
RufBus-Hotline: 03332 442-755
Mail: info@uvg-online.de
Info-Telefon: 03332 442-777
Uckermärkische Verkehrsgesellschaft mbH, Steinstraße 5, 16303 Schwedt/Oder
UVG
Hetzdorf
gültig ab: 12.12.2021
MONTAG bis FREITAG
Zeit
VA
Abfahrten im Regionallinienverkehr
06.36 S 414 Prenzlau - Hetzdorf- Schlepkow
Weiterfahrt in Schlepkow nach Dedelow 401
09.48 2,5, KB 414 Güterberg - Fahrenholz - Hetzdorf - Wolfshagen
Weiterfahrt in Wolfshagen nach Woldegk 401
12.09 414 Prenzlau - Schönwerder - Lübbenow - Wolfshagen
14.15 S 414 Prenzlau - Schönwerder - Lübbenow - Wolfshagen
14.15 F 414 Prenzlau - Schönwerder - Lübbenow - Wolfshagen
15.34 S 414 Trebenow - Lübbenow - Wolfshagen
16.25 S 414 Prenzlau - Schönwerder - Lübbenow - Wolfshagen
www.vbb.de/900340375
Alle Angaben ohne Gewähr
Erläuterung der Abkürzungen (VA) und Zusatzinformationen:
An gesetzlichen Feiertagen verkehren die Busse wie an einem Sonntag!
Die Busse verkehren am 24. und 31.12. wie sonnabends.
Die Ziffern 1 bis 5 bestimmen die Verkehrstage Montag(1) bis Freitag(5)!
KB - Kleinbus, begrenzte Platzkapazität! Beförderung von Kinderwagen und Fahrrädern auf Anfrage möglich
F - verkehrt nicht an Schultagen
S - verkehrt nur an Schultagen

hat nach der Wende eine größere Bedeutung gespielt, seit einigen Jahren ist die Energiewirtschaft bedeutsamer geworden. Wir haben Landwirtschaftsbetriebe mit einer Fläche von mehreren tausend Hektar. Gleichzeitig führen diese Faktoren, also ausgeräumte Landschaft und wenige Menschen, dazu, dass die Regionalplanung unsere Gegend als ideal für Windräder ausweist. 9 Prozent unserer Gemeindefläche gelten als Windeignungsgebiet.

**Inwiefern ist der Klimawandel in Ihrer Region ein Thema?**

Es ist ein riesiges Thema. Wir haben austrocknende Dorfteiche, austrocknende Seen. Wir hatten einen Brand in einem Strohlager. Die Feuerwehrleute sind losgefahren und haben Wasser gesucht. Was haben sie gefunden? Einen See, der nicht mehr genug Wasser hält und damit eigentlich zu einer ökologischen Katastrophe wird. Sie haben das Wasser genommen und den Brand gelöscht, also schlimmeren Schaden verhindert und wurden dann kritisiert, den letzten Tropfen da rausgezogen zu haben. Wir haben einen Dorfteich in Bandelow, da sind Trockenrisse drin. Das sieht aus wie die Hitzeregion Desert Valley in Kalifornien. Wir haben jetzt gerade diese Hitzeperiode zur Erntezeit. Wenn die Mähdrescher einen Stein schrammen, entzündet sich sofort das Feld. Es ist einfach alles sehr, sehr trocken.

**Bedeutet die Energiewende für Sie eher Chance oder Herausforderung?**

Der massive Ausbau der regenerativen Energien ist Fluch und Segen zugleich. Ich sehe es als ganz große Chance, wenn Wertschöpfung und Wertschätzung in der Region verankert werden – wenn das, was hier geleistet wird, auch wertgeschätzt wird und die Bürger vor Ort etwas davon haben. Wenn es gelingt, die Wertschöpfung umzuwandeln in kommunale Aktivitäten und eine bessere Finanzausstattung, ist es eine Riesenchance. Die Herausforderung ist der Transformationsprozess, diesen zu begleiten, weil er eben etwas verändert. Gerade für die Alteingesessenen ist das ein größeres Problem. Doch die Menschen, die davon etwas haben – nicht nur monetär, sondern auch eine gewisse Anerkennung spüren – die stehen dem Wandel aufgeschlossen gegenüber. Wir haben die höchsten Strompreise, haben noch

nicht in jedem Ortsteil ein Wärmenetz und der Strom aus der Nähe könnte doch in unsere Haushalte fließen. Wenn es uns gelingt, diese Energie zu nutzen, um auch die Wärmeproblematik durch Wärmenetze anzugehen, werden mehr Menschen für die Windkraftanlagen sein.

**Wie könnte das für die Kommunen konkret aussehen?**

Bei Windkraftanlagen könnte es beispielsweise Beteiligungsmodelle geben, die die hohe Wertschöpfung hier verankern. Dass Bürgerinnen und Bürger einen niedrigen Strompreis zahlen, dass die Kommune an den Einnahmen beteiligt wird. Es gibt zarte Pflänzchen, die sich in diese Richtung entwickeln – beispielsweise das Windenergieanlagen-Abgabengesetz des Landes Brandenburg. Das sieht vor, dass für jede neu errichtete Windkraftanlage 10.000 Euro in der Kommune bleiben. Seitdem sind bei uns sechs, sieben Anlagen gebaut worden. Aber bisher haben wir keinen Cent bekommen, weil gesetzliche Regelungen oft sehr träge sind. In unserer Gemeinde hat sich nach dem Bau der ersten Windkraftanlagen ein Spruch entwickelt: Wer ertragen muss, muss auch Ertrag haben. Das spielt auf Wertschöpfung und Wertschätzung an. Was haben Kommune, Gemeinde und Einwohner von der Energiewende?

Wir können hier im ländlichen Raum Dinge ausprobieren und nach draußen tragen. Beispiele dafür sind der Windspitzen-Wärmespeicher in Nechlin und das MUM-Auto. Das Projekt in Nechlin nutzt den Windstrom, wenn er nirgendwo anders gebraucht wird, den sogenannten Abregelstrom. Wir speichern den Strom, der woanders nicht gebraucht wird, als Wärme und geben die Energie an ein Nahwärmenetz ab. Das MUM-Auto ist ein Elektroauto, mit dem Ehrenämtler unserer Gemeinde Mitfahrgelegenheiten organisieren. Das Projekt dient der Mobilität im ländlichen Raum und das Fahrzeug wird mit Strom getankt, den Windkraftanlagen in unserer Umgebung produzieren.

Weltweit 1.
Windwärmespeicher

ESPRIT

# GRAMZOW

## ERBSENANBAU ALS FELDVERSUCH

„Ein Traum wäre es, meine Erbsen zu Lebensmitteln verarbeiten zu lassen.

Stefan Bernickel kommt aus Gramzow in der Uckermark. Er hat mechatronische Systeme studiert und eine Ausbildung zum Landwirt gemacht. Anfang 2020 kam er in die Uckermark zurück. Im Herbst 2021 übernahm er den Hof von seinem Vater.

Milde Winter und heiße Sommer, lange Trockenheit und verstärkter Starkregen, Gräser und Unkräuter wachsen früher und das Getreide muss zeitiger geerntet werden. Hinzukommen sandige Böden und schwankende Erträge. Der Klimawandel stellt die Landwirtschaft in Brandenburg vor besondere Herausforderungen.

Gemeinsam mit einem Angestellten bewirtschaftet der Landwirt Stefan Bernickel mehr als 360 Hektar Ackerland. Weizen, Raps und Gerste wachsen auf seinen Feldern. Seit drei Jahren testet Bernickel außerdem den Anbau von Erbsen. „Hobby" nennt er seinen Feldversuch. Das große Geld verdient er damit nicht. Interessant findet er die Erbse aus anderen Gründen.

So kommt die Erbse im Vergleich zu anderen Kulturen mit relativ wenig Wasser aus. Mit hohem Energieaufwand hergestellten künstlichen Stickstoff-Dünger braucht die Erbse nicht. Knöllchenbakterien an ihren Wurzeln bilden den Stickstoff, den die Pflanze als Nährstoff benötigt.

**Die Erbse wird schon lange zur Eiweißgewinnung angebaut, vor allem zur Tierfütterung. Auch für die menschliche Ernährung kann die Erbse eine wichtige Basis für Fleischersatzprodukte sein. Die regionale Erbse hat eine deutlich bessere Ökobilanz als beispielsweise Soja, das über lange Transportwege importiert wird.**

**Pfluglose Bodenbearbeitung und Anbau von Zwischenfrüchten gewinnen für die Landwirtschaft an Bedeutung. Der kombinierte Anbau von Erbsen mit Zwischenfrüchten wie Phacelia lockert den Ackerboden und unterstützt die natürliche Humusbildung. Wurzelwerk und Stroh der Zwischenfrucht beschatten die Böden und verhindern deren Auslaugung durch Wind und Wetter.**

Mit dem Wurzelwerk der Erbse verbleibt dann ein Teil vom Stickstoff auch nach der Ernte als Dünger im Boden. Mittel zum Pflanzenschutz benötigt die Erbse ebenso kaum. Im Gegensatz zu anderen Kulturen behandelt Stefan Bernickel seine Erbsen nur einmal im Jahr mit Pflanzenschutzmittel.

Als Musterbetrieb für die Bundesanstalt für Landwirtschaft und Ernährung will der Landwirt auf den Pflanzenschutz künftig ganz verzichten. Ein weiteres Plus: Nach der Erbsenernte kann der Landwirt auf das Pflügen verzichten. Das schont die natürliche Struktur der Böden und hemmt die Verdunstung von Wasser.

Bisher baut Stefan Bernickel auf knapp 5 Hektar Erbsen an. Künftig sollen es mehr als 30 Hektar, also mehr als 12 Prozent seiner Ackerfläche, werden. Ein wichtiger Punkt ist für den Landwirt dabei offen. Er sucht noch immer einen Abnehmer, der seine Erbsen beispielsweise direkt zu Lebensmitteln weiterverarbeitet.

Foto auf den Seiten 118/119: **Der Erbsenanbau hat für Stefan Bernickel praktische Vorteile. Als einzige Feldfrucht sät der Landwirt die Erbse im Frühjahr des Erntejahres, und nicht im Winter davor, aus. Das bedeutet für ihn eine bessere Verteilung seiner Arbeitsbelastung.**

# VIVIENS FAKTENCHECK

Erbsenanbau wie in Gramzow kann helfen, gesunde und regionale Lebensmittel auf unsere Teller zu bringen. Die Erbse benötigt keinen künstlichen Dünger und verträgt auch trockene Böden. Die Weiterverarbeitung von Erbsen zu Lebensmitteln bietet der Wirtschaft im Land Brandenburg neue Chancen.

# GESPRÄCH MIT STEFAN BERNICKEL

**Sie kommen aus der Uckermark und setzen auf den Anbau von Erbsen?**

Ich komme gebürtig aus der Uckermark, hier aus dem Ort Gramzow. Landwirtschaft war immer das Thema meiner Familie, alle meine Vorfahren waren Landwirte. Mein Vater war Angestellter bei der Landwirtschaftlichen Produktionsgenossenschaft im Nachbarort. Vor 25 Jahren haben meine Eltern ein Gehöft übernommen, einen 150 Jahre alter Vierseithof und haben selbst wieder mit der Landwirtschaft angefangen. Anfang 2020 bin ich in die Uckermark zurückgekommen, weil es der Wunsch meiner Frau, unserer Töchter und mir war, zur Einschulung der Älteren in die Uckermark zurückzukehren. Im Herbst 2021 habe ich den Betrieb dann von meinem Vater übernommen. Ich bewirtschafte mehr als 360 Hektar Acker und Grünland, habe einen Angestellten. Wir bauen überwiegend Weizen, Raps und Gerste an. Und es ist das dritte Jahr, dass ich als Hobby Erbsen im Anbau habe.

Die Erbse ist die einzige Kultur, die ich im Frühjahr aussäe. Das heißt, ich habe den ganzen Winter Zeit und kann auf dem Feld Zwischenfrüchte anbauen, die den Boden lockern, Humus aufbauen. Die bleiben auf dem Feld, verrotten und sind Nahrung für Mikroorganismen und Regenwürmer. Die Erbse steht bei mir in der Fruchtfolge. Die Fruchtfolge sieht bei mir so aus: im ersten Jahr Weizen, dann ein zweites Mal Weizen, anschließend baue ich Gerste an, danach Raps. Danach geht es wieder von vorne los. Das Pflügen ist ein Problem für die brandenburgischen Böden, auch hier in der Uckermark. Der Boden leidet massiv unter dem Pflügen, man zerstört viel Bodenstruktur, die Wasserhaltefähigkeit geht zurück. Wenn ich aber zwischen Weizen und Gerste die Erbse anbaue, dann brauche ich nicht zu pflügen. Ich kann die Erbse ohne zu pflügen anbauen und nach der Erbse ohne zu pflügen die Gerste anbauen.

Ich habe bisher drei Jahre probiert und getestet und werde nächstes Jahr mehr Erbsen anbauen. Ich plane mit über 30 Hektar. Das macht mehr als 10 Prozent meiner Betriebsfläche aus. Im folgenden Jahr kann ich dort komplett pfluglos Gerste anbauen, dann Raps, Weizen und so weiter.

## Wie nehmen Sie den Klimawandel im Norden von Brandenburg wahr?

Als ich noch Angestellter war und mein Vater den Betrieb hatte, war ich immer zur Ernte hier. Ich habe in der 30., 31., 32. Kalenderwoche Urlaub genommen. Das war der Ernteurlaub. Dieses Jahr ging es so ab der 28., 29. Kalenderwoche los mit der Ernte. Wir sind also mit der Ernte inzwischen früher dran. Wir sind im Herbst mindestens eine Woche, wenn nicht sogar zwei Wochen länger. Das Frühjahr kommt ein, zwei Wochen früher. Der Winter wird also kürzer. Und das hat Konsequenzen. Wir müssen uns anpassen bei der Aussaat. Wir müssen später säen, um Schädlingen, Krankheiten und Unkräutern aus dem Wege zu gehen. Das Lied „Im Märzen der Bauer" ist schon ein bisschen vorbei. Anfang März, zweite Märzwoche müssen wir die ersten Kulturen in der Erde haben.

Diese sechs Wochen Trockenheit, die wir gerade hinter uns haben, kommt heutzutage öfter vor. Sechs Wochen ohne Regen im Frühjahr sind normal geworden. Diese Trockenheit war früher selten und dann waren das drei, vier Wochen ohne Regen. Wir müssen heute zusehen, die Feldkulturen in den Winter zu bekommen mit Wurzelwachstum und Bodenbeschattung, so dass sie im Frühjahr die Feuchtigkeit möglichst lange halten. Und dass wir die Frühjahrskulturen in die Erde bekommen, wenn noch Winterfeuchtigkeit da ist, um Wurzeln bilden zu können.

## Ist die Erbse eine typisch brandenburgische Frucht?

Ja und nein. Sie stammt eigentlich aus Mittelasien. Aber sie ist eine Kultur, die in unserer Region schon lange zur Eiweißgewinnung angebaut wird. Wir brauchen keinen stickstoffhaltigen Dünger zum Anbau der Erbse, die Pflanze macht das selbst. Die Erbsenwurzeln bilden kleine Knöllchen, daran sammeln sich Bakterien und geben der Pflanze Stickstoff. Dafür kriegen die Bakterien von der Pflanze Zucker, um sich zu ernähren. Auch bei der Folgekultur kann man die Düngung reduzieren, weil das Wurzelsystem und diese Bakterien auch nach der Ernte der Erbsen zum Großteil im Boden bleiben.

Es gibt Kulturen, die hat jeder Betrieb. Weizen, Gerste, Raps kann jeder, macht jeder. Und dann hat jeder Landwirt noch ein Hobby. Der eine baut Hafer an, der nächste Lupine, der dritte Sonnenblume. Mein Vater hatte schon Erbsen im Anbau. Ich habe geguckt, ich brauche eine Kultur, die ich mit der vorhandenen Technik sowohl in die Erde bekomme, pflegen und ernten kann und die im Landhandel auch nachgefragt wird. Alles das trifft auf die Erbse zu.

**Stichwort „Fleischersatz" bei Lebensmitteln, wird die Erbse dafür bereits genutzt?**

Wer will, kann sie sofort haben. Das Problem ist, es gibt hier in der Region keine verarbeitende Infrastruktur. Die Nachfrage ist nicht da. Ich gehe auf über 10 Prozent in der Flächennutzung, weite meinen Erbsenanbau aus. Ich sehe mich im Anbau ohne Pflanzenschutz, dass ich mechanische Unkrautbekämpfung betreibe. Ein Traum wäre es, aus den angebauten Erbsen Lebensmittel erzeugen zu lassen. Das ist ja der größte Wunsch eines jeden Landwirts, Lebensmittel zu erzeugen. Wir sind diejenigen, die die Menschen ernähren. Wenn wir über Fortschritt reden, müssen wir immer auch sehen, dass unsere Gesellschaft nur möglich ist mit Ernährung. Ein voller Kühlschrank ist die beste Garantie für friedliche Zeiten.

skw.
35
30
25
20
15
10
5

CAT
Erdmann

# WITTENBERGE

## GEMEINSAM NACHHALTIG BAUEN

"Nachhaltigkeit hat nicht nur den Energie-Aspekt und den ökologischen Aspekt, sondern auch das Soziale.

Die Stadt Wittenberge unterstützt die Baugruppe in ihrem Projekt. Im Frühjahr 2023 erfolgte die Baugenehmigung. Nach Abschluss archäologischer Grabungen starteten die Bauarbeiten im Sommer 2023. Die Baugruppe veranschlagt Kosten in Höhe von etwa 3,6 Millionen Euro. Die günstigste Wohnung, eine Gartenwohnung im Erdgeschoss mit 62 Quadratmetern, soll 225.000 Euro kosten.

Flächenverbrauch, örtliche Lage, Baumaterialien, technologische Lösungen und Kosten gehören zu den eher technischen Aspekten von nachhaltigem Bauen. Aber auch Gesundheit und Behaglichkeit sowie das gesellschaftliche Engagement von Hausbauenden zählen zu den Aspekten nachhaltigen Bauens. Ein Projekt in der Stadt Wittenberge verbindet die unterschiedlichen Punkte miteinander.

**Ideengeberin des Projektes und Mitglied der Baugruppe ist Wiebke Lemme. Sie kennt die Prignitz aus ihrer Kindheit, hat Architektur studiert und leitet ein eigenes Architekturbüro in Berlin.**

Die Burgstraße 49-52 liegt inmitten der historischen Altstadt von Wittenberge. Seit dem Frühjahr 2023 ist diese Adresse eine große Baustelle. Bis Ende 2024 entsteht hier ein Wohnhaus, das Stadt und Gesellschaft prägen wird. Elf Wohnungen plus eine gemeinschaftliche Wohnung entstehen in dem Gebäude. Der Entwurf sieht unterschiedliche Wohnungstypen vor: Gartenwohnungen im Erdgeschoss, zweigeschossige Maisonette-Wohnungen und ein Loft über drei Etagen. Hinzu kommen eine Gemeinschaftswohnung und ein gemeinsamer Hofgarten.

Inmitten von Wittenberge soll ein Wohn- und Begegnungsraum für Individualität, Familien und Kreativität geschaffen werden. Träger des Projektes ist eine Baugruppe, die sich 2021 zusammengetan hat und die nachhaltige Lösungen zu ökologischen, wirtschaftlichen und gesellschaftlichen Aspekten anstrebt. Dazu werden möglichst nachhaltige Technologien verwendet. Geheizt wird über eine zentrale Luft-Wasser-Wärmepumpe und Fußbodenheizung, eine Photovoltaikanlage erzeugt Strom für die Wärmepumpe und den Allgemeinverbrauch. Mögliche Überschüsse gehen ins öffentliche Stromnetz. So entsteht ein energiesparendes Haus mit guter Wärmedämmung.

Der generationenübergreifende Charakter der Gruppe zählt zu den gesellschaftlichen Aspekten nachhaltigen Bauens. Genauso wie die Absicht, nicht als ortsfremde Bau-Investoren aufzutreten, sondern das Stadtleben und die Gesellschaft in Wittenberge aktiv mitzugestalten. Mit einem Sommerfest im Jahr 2022 stellten sich die Mitglieder der Baugruppe ihrer Nachbarschaft vor. Sie bringen sich auch in regionale Netzwerke ein.

Die Motive von den Mitgliedern der Baugruppe sind unterschiedlich. Dazu gehören Heimat und Nähe zur Familie, Arbeit in der Region ebenso wie der Ausblick aufs Rentenalter, Verbesserung der eigenen Wohnsituation und Leben in der Gemeinschaft und nachhaltige Investition in Wohneigentum. Für alle interessant ist die natürliche Umgebung der Elb-Landschaft gemeinsam mit der guten Anbindung durch einen ICE-Haltepunkt an Großstädte wie Hamburg und Berlin.

**Der Neubau entsteht auf einer freien Baufläche inmitten der historischen Altstadt von Wittenberge. Er nimmt die Proportionen der historischen Bebauung auf und schließt eine Baulücke. Die zentrale Lage gewährleistet kurze Wege in die Stadt.**

Foto auf den Seiten 132/133: **Die Baugruppe in Wittenberge ist die erste Baugemeinschaft dieser Art in der Prignitz. Gemeinsam haben sich die Mitglieder der Gruppe nachhaltiges Bauen zum Ziel gesetzt. Zur Gruppe gehören unterschiedliche Menschen: Jüngere und Ältere, Frauen und Männer, Singles, Paare und Familien. Manche sind berufstätig, andere im Ruhestand. Die Mitglieder kommen aus der Region um Wittenberge, aus Berlin und Hamburg.**

# VIVIENS FAKTENCHECK

In der Baugruppe in Wittenberge engagieren sich verschiedene Generationen gemeinsam für nachhaltiges und ökologisches Bauen. Mit dem Einsatz innovativer und effizienter Technologien schafft die Gruppe klimaschonenden Wohnraum. Das Projekt soll die historische Innenstadt aufwerten, es wird von der örtlichen Verwaltung unterstützt.

7 BEZAHLBARE UND SAUBERE ENERGIE

11 NACHHALTIGE STÄDTE UND GEMEINDEN

17 PARTNERSCHAFTEN ZUR ERREICHUNG DER ZIELE

# GESPRÄCH MIT ANDRÉ CZERNY

**Wie kamen Sie zur Baugruppe in Wittenberge?**

Ich bin ungefähr im Jahr 2000 durch meinen Beruf nach Berlin gekommen. Gemeinsam mit meiner Familie habe ich zur Miete gewohnt, dann haben wir ein Haus erworben und dort gewohnt. Als die Kinder erwachsen wurden und ausgezogen sind, habe ich mich auf die Suche nach einem neuen Wohnkonzept gemacht. Es war immer schon ein bisschen mein Traum, in einem größeren Bauprojekt oder mit einer Baugruppe zu leben. Bei einer Internetrecherche bin ich auf das Projekt in Wittenberge gekommen. Das hat mich aus verschiedenen Gründen angesprochen.

Zum einen war der Standort Wittenberge für mich sehr interessant. Ich war damals beruflich in Berlin und Hamburg tätig. Eine Stadt in der Mitte dazwischengelegen mit einem ICE-Anschluss ist attraktiv. Man braucht mit der Bahn nach Hamburg und nach Berlin jeweils ungefähr eine Stunde. Wittenberge und das Biosphärenreservat Flusslandschaft Elbe-Brandenburg kannte ich bereits von einer Fahrradtour mit meinen Töchtern, als wir den Elbe-Radweg befahren haben. Dann hatte ich Gespräche mit der Architektin Wiebke Lemme, der Gründerin des Projektes. Da habe ich gemerkt, das passt. Die Größe und dass es ein Block mit drei unterschiedlichen Häusern ist, fand ich interessant. Ich selber habe eine Gartenwohnung im Erdgeschoss gewählt. Die Kombination mit Maisonettewohnung obendrüber für Familien und Loft über drei Etagen für Leute, die kreativer wohnen wollen, fand ich ansprechend.

Die Idee zur Baugruppe entstand im Jahr 2018. Damals hatte sich Wiebke Lemme bei der Stadt Wittenberge um den Kauf des Grundstückes beworben. Ihr Konzept hat den Zuschlag bekommen, eben als Baugruppe und nicht bloß als Investor drei Häuser hinzustellen, sondern tatsächlich Menschen anzusprechen und zusammenzubringen, die in der Stadt Wittenberge leben wollen. Die Stadt war von vornherein sehr aufgeschlossen, ein für Prignitzer Verhältnisse eher ungewöhnliches Bau- und Wohnkonzept umzusetzen. Das architektonische Konzept sieht vor, einen Block zu errichten – aber auch einzelne Gebäude sichtbar zu machen, die eine einheitliche gestalterische Sprache sprechen.

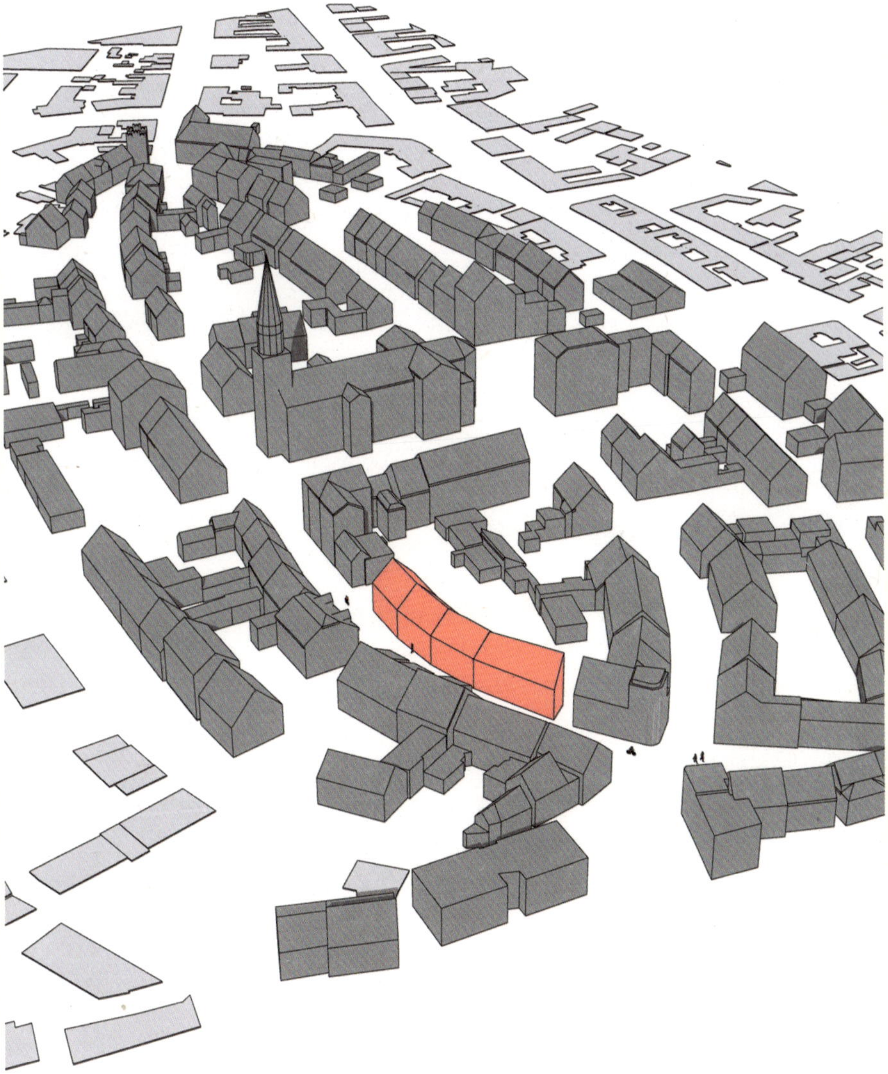

**Was waren bisherige Meilensteine der Baugruppe?**

Als Baugruppe waren wir Mitte 2022 vollständig und sind zur Finanzierung an die Banken herangetreten. Das war eine Phase, als sich die Inflation und der russische Krieg auch auf die Zinsen niederschlugen, die Zinspolitik der Europäischen Zentralbank sich geändert hatte. Mehrere Baugruppen-Mitglieder konnten leider nicht dabeibleiben, weil die ursprüngliche Finanzierung nicht mehr realisierbar war. Die Baugenehmigung haben wir 2023 erhalten. Da wir das Gebäude auf einem Bodendenkmal errichten, kamen archäologische Anforderungen dazu.

Die archäologischen Grabungen sind gerade abgeschlossen. Es gab interessante Funde, etwa eine Goldmünze aus dem 15. Jahrhundert. Wir hatten mit Bürgermeister, Bauamt, Unterer Denkmalschutzbehörde, Oberer Denkmalschutzbehörde sehr intensive Gespräche, als wir den Bauantrag gestellt haben. Die Stadt war von Beginn an an dem Projekt interessiert und hat sich sehr engagiert. Das Interesse daran, wie wir das innerstädtische Bild wiederherstellen, ist total groß. Auch das Konzept, dass Menschen von außerhalb über den ICE-Anschluss an Wittenberge angebunden sind, wir aber auch Menschen aus der Region ansprechen, wird von der Stadt wahrgenommen.

Letztes Jahr hatten wir ein Sommerfest, mit dem wir die Stadtbevölkerung und unsere Nachbarschaft auf unser Projekt aufmerksam gemacht haben, für Fragen und zum Kennenlernen zur Verfügung standen. Wir haben ein sehr gutes Verhältnis zu unserem unmittelbaren Nachbarn. Und natürlich gab es Fragen, was ist das, eine Baugruppe, eine Kommune, wie leben wir da zusammen? Es gibt eine Aufgeschlossenheit, es ist neugieriges Interesse da. Wir haben ein gutes Verhältnis zu dem ehemaligen Pfarrer der naheliegenden Stadtkirche. Der ist super vernetzt und trägt dazu bei, neue Ankömmlinge gut zu integrieren. Man muss natürlich aufpassen, dass jetzt nicht die Großstädter von auswärts kommen und den Wittenbergern erzählen, wie das Leben läuft, wie man in der Stadt lebt. Eine Vorstellung von uns ist, eine Geschosswohnung als Gemeinschaftswohnung zu nutzen und dort auch über Konzepte nachzudenken, wie wir uns der Stadt, den Nachbarn und den übrigen Bewohnern von Wittenberge öffnen.

**Warum setzen Sie auf nachhaltige und innovative Technologien?**

Wir sind gestartet, das Ganze so nachhaltig wie möglich zu machen. Das ist etwas, was uns als Gruppe verbindet. Wir wollen nicht aus Stahl, Beton und Glas irgendwie einen Palast bauen. Sondern wir wollen mit einem möglichst geringen ökologischen Fußabdruck bauen. Wie Stadtleben ökologisch umgesetzt wird, finde ich persönlich sehr spannend. Das war für mich ein wichtiger Punkt, etwas Nachhaltiges zu machen.

Wir haben viele Wünsche und Ideen gehabt und jetzt eine Luftwärmepumpe und eine Photovoltaikanlage geplant, um das Ganze zu betreiben. Das haben wir gemacht, bevor die Bundesregierung mit dem Erneuerbare-Energien-Gesetz um die Ecke kam. Die ganze Gebäudehülle und so weiter müssen auch dem Denkmalschutz gerecht werden, weil wir im historischen Stadtkern bauen. Das ist immer eine Abwägung unterschiedlicher Interessen. Wir haben Anforderungen zum Grundwasserschutz und können nur eine Luftwärmepumpe nehmen, weil wir nicht so tief in den Boden rein dürfen.

Daneben hat Nachhaltigkeit ja nicht nur den energetischen oder den ökologischen Aspekt, sondern ganz viele Facetten. Beispielsweise das Soziale: Wie setzen wir uns als Gruppe zusammen und wie wollen wir uns in der Stadt und in der Region einbringen? Wittenberge soll für uns nicht nur ein Ort zum Übernachten sein. Da wollen wir wirklich leben, es soll unser Lebensmittelpunkt werden.

WITTENBER

MaxiFlex

# WERBEN

## BIOLOGISCHE UND SOLIDARISCHE LANDWIRTSCHAFT

„Ich will bei meiner Arbeit leben und was Eigenes machen.

Hans-Peter Strahl ist Anfang der 1980er Jahre in den Spreewald gekommen. Als Agraringenieur arbeitete er in einer Landwirtschaftlichen Produktionsgenossenschaft (LPG). Mitte der 1990er Jahre machte er die Landwirtschaft zu seinem Haupterwerb. Seine Stieftochter Mirijam Schwind unterstützt ihn unter anderem bei der Organisation.

Landwirtschaftliche Betriebe bilden eine Grundlage gesunder, nachhaltiger und bewusster Ernährung. Transparenz, Mitverantwortung und Selbstbestimmung können Grundsätze dafür sein, eine vielfältige und nachhaltige landwirtschaftliche Kultur zu entwickeln – so, wie auf dem „Kleinen Hof im Spreewald" in Werben.

Seit 1991 bewirtschaftet Hans-Peter Strahl seinen „Kleinen Hof im Spreewald". Seit Mitte der 1990er Jahre arbeitet er durchgehend als zertifizierter Bio-Landwirt. Direktvermarktung und Kontakt zur Kundschaft sind ihm wichtig, ob auf dem Ökomarkt in Berlin oder in seinem Hofladen in Werben. Als Bio-Landwirt verzichtet Hans-Peter Strahl grundsätzlich auf chemische Mittel zum Pflanzenschutz und zur Unkrautbekämpfung. Als Dünger verwendet er beispielsweise den anfallenden Mist seiner kleinen Mutterkuhherde.

**Acht Standorte beliefert Hans-Peter Strahl mit Solawi-Ernteanteilen. Neben sieben Standorten in Berlin gehört Cottbus dazu. Im Juli 2023 gehörten zum Ernteanteil beispielsweise 1 Kilo Kartoffeln, vier Rote Beete-Knollen, eine Schale Erdbeeren oder Kirschen, ein Blumenkohl, ein Kohlrabi, eine Gurke, Zwiebeln, Petersilie und Rosmarin.**

**Zusätzlich zum Ökomarkt in Berlin und zu den Ernteanteilen der Solidarischen Landwirtschaft bietet Hans-Peter Strahl seine Produkte auch in Werben direkt im Hofverkauf an.**

Seit mehreren Jahren setzt Hans-Peter Strahl zudem auf die Solidarische Landwirtschaft (Solawi). Das Konzept der Solawi stammt aus Japan. Dabei kooperieren Landwirte und Verbraucher auf lokaler Ebene bei Produktion und Absatz. Mehr als einhundert Personen beteiligen sich mittlerweile über die Solawi am „Kleinen Hof im Spreewald". Sie bezahlen monatlich 95 Euro und leisten regelmäßige Arbeitseinsätze auf den Feldern. Pflanzen setzen, Unkraut ziehen, Bewässern und Ernten gehören zu den Aufgaben. Dafür erhält jedes Solawi-Mitglied einen wöchentlichen Ernteanteil.

Beide Seiten profitieren von dieser Partnerschaft. Der Landwirt kann Anbau und Absatz seiner Produkte besser kalkulieren und er wird bei der Bewirtschaftung seines Hofes und seiner Felder unterstützt. Die Solawi-Mitglieder wissen genau, woher ihre Lebensmittel kommen und wie sie erzeugt werden. Risiken wie mögliche Ernteausfälle durch extreme Wetterereignisse oder Schädlingsbefall tragen Landwirt und Solawi-Mitglieder gemeinsam.

Zum „Kleinen Hof im Spreewald" gehören auch sieben unbeheizte Tunnelzelte. Darin baut Hans-Peter Strahl Gemüse, wie Gurken, Tomaten, Paprika und Auberginen, an.

Foto auf den Seiten 146/147: **Hans-Peter Strahl bewirtschaftet etwa 32 Hektar Land mit Ackerfläche, Gemüseanbau und Grünland. Schädlinge hält er anstatt mit chemischen Mitteln beispielweise mit Kulturschutznetzen aus Gazegewebe von seinen Pflanzen fern.**

# VIVIENS FAKTENCHECK

Der „Kleine Hof im Spreewald" produziert bio-zertifizierte Lebensmittel und verzichtet auf chemische Mittel gegen Unkräuter und Schädlinge. Regionale Produktion und direkte Vermarktung fördern den bewussten Umgang mit Lebensmitteln. Partnerschaften im Rahmen der Solidarischen Landwirtschaft stärken das Projekt.

2 KEIN HUNGER

12 NACHHALTIGE/R KONSUM UND PRODUKTION

15 LEBEN AN LAND

# GESPRÄCH MIT HANS-PETER STRAHL

**Wie wird man eigentlich Bio-Landwirt im Spreewald?**

Anfang der 1980er Jahre bin ich nach meiner Studienzeit in den Spreewald gekommen. Absolventen-Lenkung nannte sich das in der DDR. Im Bezirk Cottbus, in der LPG Tierproduktion Werben, bestand dringender Bedarf an Jungingenieuren. Aus der damaligen Landwirtschaftlichen Produktionsgenossenschaft ist die heutige Agrargenossenschaft Werben hervorgegangen. Die haben mir nach 1990 gekündigt, weil ich keine Schichten arbeiten konnte. Ich war damals alleinerziehend mit zwei Kindern. Zuerst war ich arbeitslos und dann habe ich eine dreijährige Umschulung zum Umweltschutztechniker gemacht. In unserer Klasse mit etwa 30 Leuten hat nur einer einen Job gefunden. Die anderen haben Arbeitsbeschaffungsmaßnahmen gekriegt. Wir mussten im Tagebau Schweigendorf ein Feld mit der Hand hacken. Das war mir langweilig und das ist ja auch zu doof.

Ein anderer Punkt war, die Haupterwerbslandwirtschaft wurde damals gefördert: Betriebsgründung, Junglandwirtezuschuss. Das war politisch richtig cool. Da habe ich gesagt, ich gehe dieses Risiko ein. Ich wusste, es gibt jahrelang nur Arbeit und keinen Urlaub. Ich bin losgefahren, einen alten Traktor zu kaufen und habe den aufgebaut. Ich musste eine neue berufliche Zukunft finden. Dass es ein Projekt der Nachhaltigkeit geworden ist, wie man es jetzt nennt, ich mache den Boden fruchtbar, ohne mit Kunstdünger zu arbeiten – das ist ein positiver Nebeneffekt.

**Was zeichnet die Bio-Landwirtschaft aus?**

Um das Bio-Zertifikat zu erreichen, muss man sich kontrollieren lassen. Die Kontrollstellen prüfen nach EU-Zertifikat, ob man Ware anbietet, die den Richtlinien des ökologischen Landbaus der Europäischen Union entspricht. Ganz konkret ist beispielsweise das Ausbringen von Pestiziden und Herbiziden untersagt. Es gibt eine FiBL-Liste – „FiBL" heißt Forschungsinstitut für biologischen Landbau. Jedes Jahr kommt eine Neufassung raus und da steht

drin, was man als Bio-Landwirt verwenden darf. Das Einhalten einer bestimmten Fruchtfolge wird kontrolliert, dass keine Monokulturen bewirtschaftet werden. Man muss eine Schlagkartei führen, was wann auf welchem Feld passiert und wieviel geerntet wurde. Der Pflanzen- und Saatgutzukauf muss immer nachgewiesen werden. Solchen Regeln unterwirft man sich als Bio-Landwirt freiwillig. Und wenn es erfolgreich zertifiziert ist, darf man sein Produkt „Bio" nennen.

Bei meiner ursprünglichen Ausbildung zum Landwirt hat keiner gewusst, dass es so etwas wie ökologischen Landbau gibt. Das habe ich erst in der Umschulung kennengelernt. Es war zunächst eine Nische und damals lange nicht so aktuell wie heute. Es hat mich aber gereizt, es auch ohne Chemie hinzukriegen. Und hier im Spreewald hätte es auch nicht anders funktioniert, weil wir hier im Biosphärenreservat liegen. Mein Betrieb umfasst circa 30 Hektar, davon etwa 9 Hektar Ackerfläche, der Rest Grünland. Vom Acker sind circa 3 Hektar Gemüse und davon alleine 1,5 Hektar Kartoffeln. Kartoffeln und Tomaten sind ganz wichtige Produkte für meine Kundschaft.

**Woran erkennen Sie den Klimawandel im Spreewald?**

Die wenigsten Leute merken sich, was für ein Wetter ist oder wie das Wetter vor zehn Jahren war. Ich merke mir solche Daten. Einmal sind mir Mitte Mai die Tomaten über Nacht im Zelt erfroren. Damals musste man im Mai zu den Eisheiligen immer noch mit Bodenfrost rechnen. Ältere Bauern erzählen, sie hatten noch Mitte Juni Bodenfrost, also die Schafskälte. Und jetzt gibt es das schon jahrelang nicht mehr. Es ist allgemein wärmer geworden. Auch der Herbst erscheint länger warm. Früher hat es auch mal im Oktober Bodenfrost gegeben und die schönen Herbstkürbisse waren dann alle hin. Das hatten wir lange nicht mehr. Die strengen Winter auf dem Hof mit Schneewehen, das hatten wir ewig nicht mehr. Die älteren Bauern haben immer erzählt, es kommen mal sieben trockene Jahre und auch mal sieben nasse Jahre. Aber dieses Wetter hat sich umgestellt. Heute gibt es lange Trockenperioden mit riesengroßer Hitze und dann gibt es wieder Donnerwetter.

**Und was verbirgt sich hinter „Solawi"?**

Also „Solawi" heißt Solidarische Landwirtschaft. Ich kam mit dem Konzept auf dem Ökomarkt in Berlin in Berührung. Dort gab es einen selbstständigen Berater. Dem hat diese Idee von der Solawi gefallen und er hat solche Vorhaben angeschoben. Er hat einen Bauern gesucht, mich angesprochen und mir das Projekt vorgestellt. Ich konnte mir überhaupt nicht vorstellen, dass so etwas überhaupt funktioniert und überhaupt jemand mitmacht. Dann gab es eine Gründungsveranstaltung, da wurden interessierte Leute eingeladen und informiert. Wir sind 2014 mit einer ganz kleinen Gruppe losgegangen. Inzwischen sind es über 100 Mitglieder. Es sind ältere Leute und junge Leute, viele junge Familien, auch Alleinstehende.

Typischerweise finden sich Leuten zusammen, die wissen wollen, was sie essen und wo ihr Essen herkommt. Sie legen Geld zusammen, kaufen sich ein Stück Land oder einen Bauernhof und bewirtschaften das. Oder sie lassen das von einem Fachmann bearbeiten. Es gibt eine Vollversammlung und Mitspracherecht am Anbauplan: Was bauen wir an und was investieren wir? Aus den geplanten Betriebskosten entsteht ein monatlicher Beitrag für jedes Solawi-Mitglied. Die Solawi-Mitglieder sind verpflichtet, auf dem Hof mitzuhelfen. Sie machen einen Großteil der Arbeit mit und dadurch läuft die ganze Sache. Bei mir ist das untrennbar miteinander verknüpft, die wirtschaftliche und die praktische Beteiligung. Dafür erhält jedes Solawi-Mitglied einen sogenannten Ernteanteil – Gemüse der Saison, ungefähr berechnet für eine vierköpfige Familie.

# INFORMATIONEN UND BILDUNGSMATERIALIEN ZU DEN THEMEN KLIMAWANDEL UND NACHHALTIGKEIT

Die Themen Klimawandel und Nachhaltigkeit bewegen unsere Gesellschaft in unterschiedlicher Weise. Politik, Wirtschaft und die Zivilgesellschaft fragen nach den Ursachen und den Folgen des Klimawandels und suchen nach geeigneten Mitteln und Wegen, damit umzugehen. Auch für die schulische und außerschulische politische Bildung sind Klimawandel und Nachhaltigkeit damit zu einem bedeutsamen Themenfeld geworden. Hier finden Sie einige kostenfreie Materialien mit Hinweisen und Anregungen, wie Sie den Bereich mit unterschiedlichen Zielgruppen und unter verschiedenen Aspekten in Workshops, Seminaren oder im Unterricht angehen können.

# WEBVIDEOREIHE STADT, LAND, KLIMA. NACHHALTIGKEIT IN BRANDENBURG

Fünf Videos, ca. sieben Minuten pro Folge
**Brandenburgische Landeszentrale für politische Bildung**

In der Webvideoreihe „Stadt, Land, Klima. Nachhaltigkeit in Brandenburg" stellen sich Menschen vor, die sich für Klimaschutz und Nachhaltigkeit einsetzen. Sie retten Lebensmittel, pflanzen Miniwälder, reparieren kaputte Dinge, beseitigen Plastikmüll und tragen mit Gemeinschaftsprojekten vor Ort zur Energiewende bei. Die fünf Videos können ein Ausgangspunkt sein, um über Themen wie die Energiewende, Lebensmittelverschwendung oder die Wegwerfgesellschaft ins Gespräch zu kommen. Gleichzeitig lässt sich mit ihrer Hilfe zeigen, dass jede und jeder von uns etwas bewirken kann. Zudem geben die Videos Anregungen, wie und wo man sich selbst einbringen kann. Die Videos richten sich an Jugendliche ab 14 Jahren.

Abrufbar auf dem YouTube-Kanal der Brandenburgischen Landeszentrale für politische Bildung:
**www.youtube.com/user/blzpb**

# NACHHALTIGKEITSPLATTFORM BRANDENBURG - FORUM UND NETZWERK

Viele Akteure bringen sich ein, um Brandenburg nachhaltiger und zukunftsfähig zu machen. Die Nachhaltigkeitsplattform Brandenburg ist ein Kommunikationsforum und Netzwerk für alle Nachhaltigkeitsinitiativen im Land. Die Plattform gibt Interessierten die Möglichkeit, sich zu vernetzen, auszutauschen und voneinander zu lernen. So können Chancen und Herausforderungen erkannt werden und Anliegen an Entscheidungsträgerinnen und Entscheidungsträger in den Kommunen, der Landesregierung sowie Wissenschaft und Wirtschaft herangetragen werden. Die Geschäftsstelle der Nachhaltigkeitsplattform befindet sich am Forschungsinstitut für Nachhaltigkeit – Helmholtz-Zentrum Potsdam (RIFS). Sie wird finanziert vom Ministerium für Landwirtschaft, Umwelt und Klimaschutz des Landes Brandenburg.

Die Webseite der Nachhaltigkeitsplattform:
**www.plattform-bb.de**

# WIE WOLLEN WIR GELEBT HABEN?

Bildungsmaterialien und Methoden für den sozial-ökologischen Wandel
**FUTURZWEI. Stiftung Zukunftsfähigkeit**

Das Bildungsmaterial „Wie wollen wir gelebt haben?“ zeigt 16 verschiedene Methoden auf, mit denen man sich dem Thema sozial-ökologischer Wandel sowohl im außerschulischen als auch im schulischen Kontext annähern und mit Jugendlichen (ab 12 Jahren) und jungen Erwachsenen dazu arbeiten kann.

Abrufbar auf der Webseite von Futurzwei:
**www.futurzwei.org/article/bildungsmaterialien**

## ICH, DU, WIR, SIE - WAS KANN DIE/DER EINZELNE FÜR DEN KLIMASCHUTZ TUN?

**Umweltbundesamt**

Das Bildungsmaterial „ich, du, wir, sie – Was kann die/der Einzelne für den Klimaschutz tun?" des Umweltbundesamtes zeigt, wie man in sechs Unterrichtsstunden zu Klimaschutzmaßnahmen und Beteiligungsmöglichkeiten beim Klimaschutz arbeiten kann. Das Material richtet sich an Schülerinnen und Schüler der Klassen 9 und 10.

Die Publikation ist auf der Webseite des Umweltbundesamtes als PDF abrufbar:
**www.umweltbundesamt.de/publikationen/ich-du-wir-sie-was-kann-dieder-einzelne-fuer-den**

## ÜBER UMWELT IM UNTERRICHT

**Bundesministerium für Umwelt, Naturschutz, nukleare Sicherheit und Verbraucherschutz**

Auf der Webseite „Umwelt im Unterricht" stellt das Bundesministerium für Umwelt, Naturschutz, nukleare Sicherheit und Verbraucherschutz alle zwei Wochen Unterrichtsmaterialien zu verschiedensten Aspekten der Umweltpolitik und Fragen der nachhaltigen Entwicklung bereit. Dort finden Sie Hintergrundtexte, Unterrichtsvorschläge sowie Arbeitsmaterialien zu Themen wie Energie, Konsum und Mobilität.

Abrufbar über die Webseite:
**www.umwelt-im-unterricht.de/**

## DOSSIER KLIMAWANDEL

**Bundeszentrale für politische Bildung**

Das Dossier Klimawandel der Bundeszentrale für politische Bildung betrachtet die Grundlagen des Klimasystems und der Klimaforschung. Es informiert über Ursachen des Klimawandels, über nationale und internationale Klimapolitik sowie über Handlungsoptionen.

Auf der Webseite der Bundeszentrale für politische Bildung:
**www.bpb.de/themen/klimawandel/dossier-klimawandel/**

## KLIMAFAKTEN.DE

**European Climate Foundation und Stiftung Mercator**

Die Webseite bietet Informationen zum Klimawandel und seinen Folgen und zeigt, wie man darüber ins Gespräch kommen kann.

Zur Webseite von klimafakten.de:
**www.klimafakten.de/**

# LESETIPPS UND QUELLEN


- Bernd Hirschl u.a. (Hg.):
  **Kurzfassung des Gutachtens zum Klimaplan Brandenburg**
  Im Auftrag des Ministeriums für Landwirtschaft, Umwelt
  und Klimaschutz des Landes Brandenburg
  Berlin u. a. 2023.

- Carsten Linke:
  **Herausforderungen vor dem Hintergrund des Klimawandels**
  Potsdam 2023.

- David Nelles / Christian Serrer:
  **Kleine Gase – große Wirkung.**
  **Der Klimawandel**
  Friedrichshafen 2018.

- Deutsche IPCC-Koordinierungsstelle (Hg.):
  **Synthesebericht zum sechsten IPCC-Sachstandsbericht (AR 6)**
  Köln 2023.

- Deutscher Wetterdienst:
  **Klimareport Brandenburg**
  Offenbach am Main 2019.

- Deutscher Wetterdienst:
  **Klimavorhersagen und Klimaprojektionen.**
  **Wie entstehen Aussagen über das zukünftige Klima?**
  Offenbach am Main 2021.

- Esther Gonstalla:
  **Das Klimabuch.**
  **Alles, was man wissen muss, in 50 Grafiken**
  München 2019.

- Friedrich-Ebert-Stiftung e.V. Landesbüro Brandenburg (Hg.):
  **Das Klima-Handbuch für Kommunen in Brandenburg.
  Den solidarisch-ökologischen Wandel erfolgreich gestalten**
  Potsdam 2022.

- Gemeinde Wustermark (Hg.):
  **Klimaschutzkonzept Wustermark 2023.
  Die Gemeinde Wustermark auf dem Weg zur Klimaneutralität**
  Wustermark 2023.

- Heinrich-Böll-Stiftung / Bund für Umwelt und Naturschutz Deutschland / Michael Succow Stiftung, Partner im Greifswald Moor Centrum (Hg.):
  **Mooratlas 2023.
  Daten und Fakten zu nassen Klimaschützern**
  Paderborn 2023.

- Landesbetrieb Forst Brandenburg (Hg.):
  **Geschäftsbericht 2021**
  Potsdam 2022.

- Land Brandenburg (Hg.):
  **Landesnachhaltigkeitsstrategie für das Land Brandenburg. Entwurf**
  Potsdam 2022.

- Landeskompetenzzentrum Forst Eberswalde (Hg.):
  **Waldbrandstatistik 2022**
  Potsdam 2023.

- Leibniz-Institut für Gewässerökologie und Binnenfischerei (Hg.):
  **Zentrale Zwischenergebnisse zum Zustand der Oder
  nach der Umweltkatastrophe**
  Berlin 2023.

- Leibniz-Institut für Gewässerökologie und Binnenfischerei (Hg.):
  **Sulfatbelastung der Spree.
  Ursachen, Wirkungen und aktuelle Erkenntnisse**
  Berlin 2016.

- Leibniz-Institut für Gewässerökologie und Binnenfischerei (Hg.):
  **Die ökologische Verschlechterung des Stechlinsees.
  Wissenstand und Handlungsoptionen**
  Berlin 2021.

- Mehr Demokratie e. V. / BürgerBegehren Klimaschutz e. V. (Hg.):
  **Handbuch Klimaschutz.
  Wie Deutschland das 1,5-Grad-Ziel einhalten kann**
  München 2022.

- Ministerium für Landwirtschaft, Umwelt und Klimaschutz des Landes Brandenburg (MLUK) (Hg.):
  **Klimawandelmonitoring im Land Brandenburg**
  Potsdam 2021.

- MLUK (Hg.):
  **Moorschutzprogramm Brandenburg**
  Potsdam 2023.

- MLUK (Hg.):
  **Strategie des Landes Brandenburg zur Anpassung an die Folgen des Klimawandels**
  Potsdam 2023.

- MLUK (Hg.):
  **Zwischen- und Sektorenziele des Klimaplans Brandenburg.
  Übersicht über den Orientierungsrahmen zur Erreichung von Klimaneutralität für die Jahre 2030 und 2040 sowie das Zieljahr 2045**
  Potsdam 2022.

- MLUK (Hg.):
  **natürlich. nachhaltig.
  Wir in Brandenburg, Ziele und Aktivitäten verständlich erklärt**
  Potsdam 2020.

- Ministerium für Soziales, Gesundheit, Integration und Verbraucherschutz des Landes Brandenburg (Hg.):
  **Ernährungsstrategie Brandenburg**
  Potsdam 2022.

- Nick Reimer / Toralf Staud:
  **Deutschland 2050.**
  **Wie der Klimawandel unser Leben verändern wird**
  Köln 2023.

- Umweltbundesamt (Hg.):
  **Wasserwirtschaftliche Folgen des Braunkohleausstiegs in der Lausitz**
  Dessau-Roßlau 2023.

- Wiebke Lass / Fritz Reusswig / Carsten Walther / Dea Niebuhr / Theresa Schürheck / Henny A. Grewe:
  **Hitzeaktionsplan für das Land Brandenburg**
  Potsdam 2022.

# IMPRESSUM



Brandenburgische Landeszentrale für politische Bildung
Heinrich-Mann-Allee 107, 14473 Potsdam
www.politische-bildung-brandenburg.de

Brandenburgische Landeszentrale für politische Bildung (Hg.)
**Stadt, Land, Klima.**
**Klimawandel und Nachhaltigkeit in Brandenburg**

Broschüre zur gleichnamigen Ausstellung der
Brandenburgischen Landeszentrale für politische Bildung

Gestaltung: Bauersfeld GD, Potsdam

Druck: PIEREG Druckcenter Berlin

Grafiken: Thomas Kaufmann

Fotografien ab Seite 58: Anne Heinlein

ISBN 978 3 932502 88 0

# DANKSAGUNG

Für die inhaltliche Unterstützung danken wir den Kolleginnen und Kollegen des Landesamts für Umwelt, des Landeskompetenzzentrums Forst Eberswalde, des Leibniz-Instituts für Gewässerökologie und Binnenfischerei, des Deutschen Wetterdiensts und des Forschungsinstituts für Nachhaltigkeit - Helmholtz-Zentrum Potsdam sehr herzlich.

Deutscher Wetterdienst
Wetter und Klima aus einer Hand
DWD

LfU
Landesamt für Umwelt

FORST
Brandenburg
Landesbetrieb

IGB
Leibniz-Institut für Gewässerökologie
und Binnenfischerei

RIFS
POTSDAM
Forschungsinstitut für Nachhaltigkeit
Helmholtz-Zentrum Potsdam